本书得到北方工业大学优势学科项目（项目编号：18XN047）的资助

经济管理学术文库 • 经济类

中国企业工资增长问题研究

——基于上市公司的经验证据

Research on Wage Growth of Chinese Enterprises

—Based on the Empirical Evidence of Listed Companies

林　芳／著

经济管理出版社
ECONOMY & MANAGEMENT PUBLISHING HOUSE

图书在版编目（CIP）数据

中国企业工资增长问题研究：基于上市公司的经验证据/林芳著．—北京：经济管理出版社，2021.6

ISBN 978－7－5096－8053－7

Ⅰ.①中…　Ⅱ.①林…　Ⅲ.①上市公司—工资管理—研究—中国　Ⅳ.①F279.246

中国版本图书馆 CIP 数据核字（2021）第 106714 号

组稿编辑：郭　飞
责任编辑：曹　靖　郭　飞
责任印制：黄章平
责任校对：王淑卿

出版发行：经济管理出版社
（北京市海淀区北蜂窝 8 号中雅大厦 A 座 11 层　100038）
网　　址：www. E－mp. com. cn
电　　话：（010）51915602
印　　刷：唐山玺诚印务有限公司
经　　销：新华书店
开　　本：720mm×1000mm/16
印　　张：14
字　　数：201 千字
版　　次：2021 年 7 月第 1 版　　2021 年 7 月第 1 次印刷
书　　号：ISBN 978－7－5096－8053－7
定　　价：88.00 元

前　言

收入分配是劳动者权益的核心，关系着职工群众的生存与发展、企业的经营发展和社会的和谐稳定。“十二五”规划明确提出，工资增长应与 GDP 增长同步，劳动报酬增长应与劳动生产率提高同步，要形成反映劳动力市场供求关系和企业经济效益的工资决定机制和增长机制。2011 年的中央经济工作会议也明确提出，要深入研究收入分配体制改革总体方案。党的十八大报告提出 2020 年城乡居民人均收入比 2010 年翻一番的“收入倍增”目标，而工资增长是中国绝大部分劳动者收入倍增的主要形式。党的十九大报告指出：要坚持按劳分配原则，完善按要素分配的体制机制，促进收入分配更合理、更有序。鼓励勤劳守法致富，扩大中等收入群体，增加低收入者收入，调节过高收入，取缔非法收入。目前，工资仍然是我国企业职工的主要收入来源，是企业激励职工提高企业绩效的重要手段之一。健全和完善企业职工工资正常增长机制，对推进收入分配制度改革、形成合理的国民收入分配格局具有关键作用。

本书将企业职工工资增长作为研究对象，以构建合理的增长机制为目标，从其现状、影响因素等方面展开研究，以期取得相应的成果。对于我们这样一个因经济快速发展而致资本市场发展迅速的国家而言，对企业职工工资增长研究的理论价值和现实意义主要体现在：第一，从理论角度来看，工资事关社会的稳定和发展，本书以企业职工工资作为研究对象，从工资现状着手，分析工资增长和企业利润增长的协同效应，考察职工工资增长对企业创新的激励效应，探析工资增长的宏观、微观影响因素，最终构建企业职工工资增长的原则和对策建议。本书不仅可以丰富工资增长的学术文献，可以协调工资与利润的关系，可以更好地激励工资改革，还可以为促进公司发展提供理论借鉴。第二，从实践角度来看，合理有效的工资增长机制，有助于理顺企业内部的利益关系，使劳动者得到一个合理的报酬，增强劳动者对于企业的归属感和责任感，不仅是促进企业效益增长与职工工资增长良性互动的前提保障，还是构建和谐劳动关系的现实基础，更是调整国民收入分配格局的关键环节。

本书在劳动学理论的指导下，以工资决定理论、报酬递增思想、人力资本理论等作为分析问题的理论基础，运用规范研究与实证研究相结合的方法，以中国沪深两市A股上市的所有公司为研究样本，在理论阐述和数据分析的基础上对中国企业职工工资增长进行了初步探索并提出了相应的政策建议。全书主要从以下几个方面展开具体的研究：

第一，对国内外工资及工资增长的相关文献进行梳理和总结。在剖析国内外学者关于工资水平、工资差异以及工资增长研究现状的基础上，归纳出现有文献的不足与缺陷，作为本书的研究方向和内容。

第二，从理论上对工资增长机制进行了分析。以劳动经济学的相关理论为引导，探索了与工资及其增长相关的基本理论问题，为全书撰写提供了依据和基础。关于工资决定理论的研究，最早可追溯至200年前的西方经济学。随着学者研究的不断深入，工资有了很多的内涵和称谓，如“劳动力价值”“劳动力的边际生产力”，而“劳动力供求规律”“制度性因素”是学者前期认为主要影响工资的因素。因此，西方早期关于工资决定理论的梳理对于如何建立健全企业职工工资正常增长机制具有指导作用和意义。

第三，描述了改革开放40多年来劳动力成本的变化。劳动力成本是经济发展的关键要素，劳动力成本变化一直是国家和地区经济发展拐点的关键标志。40 多年来，劳动力成本在重大改革、开放与发展的重大战略指导下，发生了阶段性变化，土地改革推动劳动力成本从隐性变为显性，市场经济体制改革下释放了劳动力人口巨大红利，加入 WTO 后产业结构调整引致劳动力成本呈两极分化，城镇化进程加快推动劳动力成本持续增加。未来，劳动力成本在短期内会持续上升，劳动力成本结构也会发生变化，但在人工智能、机器换人等重大技术变革影响下，劳动成本将产生怎样的变化有待于进一步探析。

第四，采用描述的方法对中国上市公司职工工资变化和增长现状进行分析。在描述过程中，分别通过全样本、分产业、分产权性质和分地区四个方面对全体职工、高管和普通职工的工资变化和工资增长率进行逐一的分析。研究发现，无论从哪个方面进行考察，在整个研究窗口期间，高管人均工资和普通职工人均工资呈逐年上升趋势，且高管人均工资水平普遍高于普通职工人均工资水平，但两者的工资增长率并没有呈现出一致的规律性。

第五，采用实证研究方法检验工资增长与企业利润增长的互动效应。本部分是在企业职工工资增长决定机制研究内容基础上的进一步延伸和扩展，并分别就基准模型、滞后模型和扩展模型对高管薪酬增长与企业利润增长以及普通职工工资增长与企业利润增长之间是否存在协同效应进行检验。结果发现，职工工资增长会加强职工工作的积极性，有助于激励职工努力工作，为企业创造更多的利润和更大的价值。提升职工受教育水平的比例、扩大企业规模，都有助于进一步提升职工的工资增长水平。

第六，较为系统地考察了劳动力成本上升对企业创新行为的影响。无论是高管薪酬还是普通职工工资增长率的上升都将促进企业增加研发支出的比重，这意味着劳动力成本的上升（也即劳动者收入的提升）有利于企业聚集更优秀的人才，有利于改善人才质量（人力资本质量），提高创新活动成功的概率，进而能进一步激励企业对研发等创新活动的投入。即降低资本的相对价格和提高人力资本质量是劳动力成本上升影响企业创新行为的两个路径。

第七，采用实证检验方法探讨了企业职工工资增长的决定机制。在分析中国改革开放前后企业工资决定机制，梳理现有相关研究文献并归纳总结影响因素的基础上，构建研究模型，分别对全体职工、高管和普通职工工资增长的决定因素进行分析，重点关注产权性质对工资增长的影响以及工资增长与企业利润增长是否具有一致性。研究发现，地区 GDP、劳动生产率、企业规模以及人力资本对职工工资增长具有正向的影响作用，而企业利润对普通职工工资增长的影响不显著或负显著，这说明企业利润分配失衡，不能和员工共享。

第八，针对提升职工工资水平提出了政策建议。保持企业职工工资合理、稳定的增长，提高职工工作的积极性，可分别从企业和劳动者两个角度进行探讨。从企业角度方面，提高企业的生产效率并制定合理的报酬机制，同时将职工的劳动增长率和工资增长率有机地结合起来，确定一个合理的比例关系，体现职工劳动生产率增长对其工资增长的贡献，加大职工培训的力度，进行人力资本投资。从劳动者方面，劳动者应有意识地提高自我修养和素质，主动学习，提升各项技能，以适应当今时代发展需求，成为一名新时代合格的劳动者。

目 录

导 论 ………………………………………………………… 1

一、选题背景和研究意义 ………………………………………… 1

二、文献回顾 ………………………………………………………… 6

三、研究思路与内容 ……………………………………………… 17

四、研究方法与基本约定 ………………………………………… 19

第一章 理论基础 …………………………………………………… 27

一、工资的本质 …………………………………………………… 27

二、工资决定理论 ………………………………………………… 31

三、报酬递增思想 ………………………………………………… 41

四、人力资本理论 ………………………………………………… 45

五、劳动力市场分割理论 ………………………………………… 47

六、理论述评 ……………………………………………………… 47

第二章 中国劳动力成本变化现状及趋势 ……………………… 49

一、土地改革推动劳动力成本从隐性变为显性（1978~1991 年） …… 50

二、市场经济体制改革释放了劳动力人口巨大红利
（1992～2001年） …… 51
三、加入WTO后产业结构调整引致劳动力成本呈两极分化
（2002～2011年） …… 55
四、城镇化进程加快推动劳动力成本持续增加（2012年至今） …… 57
五、本章小结 …… 61

第三章　中国企业工资增长现状描述 …… 63

一、研究样本的选取 …… 63
二、全样本人均工资增长趋势 …… 64
三、分行业人均工资增长趋势 …… 66
四、分地区人均工资增长趋势 …… 73
五、分企业性质人均工资增长趋势 …… 79
六、本章小结 …… 83

第四章　工资增长与企业利润增长的协同效应检验 …… 85

一、问题的提出 …… 86
二、理论分析与文献回顾 …… 88
三、研究设计 …… 93
四、门限估计结果 …… 100
五、职工分层的进一步检验 …… 105
六、本章小结 …… 110

第五章　工资增长对企业创新行为的影响 …… 113

一、文献回顾与理论分析 …… 115

二、模型设定及数据来源 …… 118
三、实证检验结果分析 …… 124
四、本章小结 …… 133

第六章 企业工资增长决定机制的实证检验 …… 135

一、企业工资决定及增长机制分析 …… 136
二、研究设计 …… 139
三、检验结果与分析 …… 146
四、稳健性检验 …… 161
五、本章小结 …… 162

第七章 建立我国企业职工工资正常增长机制的原则与对策 …… 164

一、建立健全企业职工工资增长机制的原则 …… 164
二、建立健全企业职工工资增长机制的具体路径 …… 166

结 语 …… 173

一、研究结论 …… 173
二、本书主要创新 …… 175
三、主要研究局限 …… 176
四、未来研究展望 …… 177

参考文献 …… 179

后 记 …… 210

导　论

一、选题背景和研究意义

诺贝尔经济学奖获得者 John R. Hicks（1950）研究发现，合理分配工资能促进经济进步，Keynes（1936）研究发现，低工资不仅无助于就业，更会制约需求。企业的兴衰既关系着股东、国家等主体的利益，也密切关系着企业职工的利益。企业建立工资合理增长机制对促进企业兴旺发展、实现职工有效劳动报酬、促进股东财富增长以及国家利益增长等方面都具有明显的正向效应。但是，合理的工资增长机制应以合理的收入分配机制为基础，在合理的收入分配机制基础上持续增长工资能促进企业的兴旺发展，使企业工资增长与企业实现的绩效增长、企业财富的积累发展之间形成互动效应。

（一）选题背景

自改革开放以来，中国 GDP 多年保持快速增长，综合国力显著增强，人民生活水平进一步提高。这样一个喜人的经济发展势头也拉动了中国城镇职工平均工资的增长速度。根据国家统计局的数据显示，中国城镇非私营单位职工平均工资从1978年的615元增加到2018年的82413元，年均递增超15%，表明城镇职工工资收入总体水平也表现出较快的增长速度。中国职工工资大幅增长，极大地刺激了人力资本的主观能动性，成为经济发展的重要推动因素。

然而，由于各种原因，中国职工工资增长中也出现了一些问题。《经济蓝皮书：2013年中国社会形势分析与预测》显示，中国居民收入增速与经济发展增速不同步。中国劳动者报酬占GDP的比重偏低且呈现出下降趋势，劳动者报酬占GDP的比重由1990年的53.4%下降到2011年的44.9%；都阳和曲玥（2009，2012）对中国工业劳动生产率和工资进行了比较，发现2007年以前劳动生产率增长速度快于工资的增长速度；李文溥等（2011）发现1999～2009年中国制造业单位劳动成本在下降；国有企业与非国有企业员工工资收入差距较大（张车伟和薛欣欣，2008；陆正飞等，2012；夏庆杰和李实，2012）；多数国有企业工资外收入占有较大的比重（文宗瑜和刚成军，2008）；垄断企业与非垄断企业员工工资收入差距较大，垄断企业在政策保护下收益丰厚，而非垄断企业职工工资增长缓慢（刘长庚和张松彪，2015）；工资分配制度不健全（纪宁，2010）；普通职工工资正常增长机制尚未形成（苏海南，2008）。这些问题反映出中国的分配结构不合理，加大国民收入分配调整力度，提高居民收入在国民收入中的比重，提高个人工资在初次分配中的比重才是解决问题的关键所在。

大量文献和事实表明，相较于GDP、物价的增长速度，职工工资的增长速度却较为缓慢，因此，有学者指出，在中国经济取得巨大成就的同时，大部分劳动者没有享受到改革和发展的成果和果实，职工工资偏低，增长缓慢，劳动力价格与劳动力价值不对等、扭曲等问题浮出水面。收入差距的扩大必然会造成人们对社会公平感的认可，危及社会的安定和经济的发展。也正因如此，收入分配问题受到社会各界的关注，收入分配制度改革也被提升至空前的战略高度。建立合理的职工工资增长机制迫不及待。自党的十七大开始，将职工工资增长问题放在一个极为重要的位置上。如党的十七大报告指出“提高劳动报酬在国民收入初次分配中的比重”“同时处理好初次分配与再分配中效率与公平的关系”“建立好职工工资正常增长机制和工资支付保障机制”。国家“十二五”规划中明确提出工资增长应与 GDP 增长同步，劳动报酬增长应与劳动生产率提高同步。党的十八大报告提出 2020 年城乡居民人均收入比 2010 年翻一番的“收入倍增”目标，而工资增长是中国绝大部分劳动者收入倍增的主要形式。2017 年《政府工作报告》中明确提出进一步释放国内需求潜力，推动供给结构与供给需求相适应，消费升级与有效投资相适应。党的十九大报告指出，要坚持按劳分配原则，完善按要素分配的体制机制，促进收入分配更合理、更有序。鼓励勤劳守法致富，扩大中等收入群体，增加低收入者收入，调节过高收入，取缔非法收入。工资仍然是我国企业职工的主要收入来源，是企业激励职工，提高企业绩效的重要手段之一。

目前，大多数文献基本都是从宏观层面研究职工工资增长问题，较少有文献从微观层面对企业职工工资收入增长问题。而企业作为国民经济的细胞，是工资分配的基本单位。从企业层面研究职工工资收入问题是研究国民收入分配问题的基础和核心。在企业中，高管和普通员工不仅在工资收入方面存在较大差距，更重要的是两者在工资增长的幅度方面也存在很大差距，直接影响了普通职工的积极性。工资增长意味着劳动者收入的增加，但是，工资增长则意味着企业人工成本的上升，在一定程度上挤压企业的利润空间，这种影响在经济环境恶化时尤为明显，甚至可能使一些微利企业在经济衰退中失去生存的机会。那么，企业利润与职工工资之间存在何种关系？企业该如何设定一个合理工资增长区间，既能调动职工的主观能动性、积极创新，又能保证企业的利润空间？

基于此，本书以上市公司职工工资为研究对象，全面、系统地对中国上市公司职工工资增长问题进行探讨和回答。一是立足于中国企业的微观层面来研究企业两类员工工资收入增长的基本变化趋势，为宏观层面的中国劳动报酬占GDP份额过低的现象提供微观证据；二是企业层面员工工资收入实际上是国民收入的初次分配问题，研究企业层面员工工资收入问题是研究国民收入分配问题的基础和核心。

（二）研究意义

工资事关民生、经济发展与社会稳定。从个人层面来看，工资是企业大多数职工的主要经济利益来源，是居民收入的主要组成部分。从企业层面来看，企业的工资分配制度与广大劳动者密切相关，是国家收入分配的重要组成部分，更是我国民生建设的重要内容。也就是说，工资增长的稳定与否直接影响着企业与劳动者关系和谐与否以及劳动力队伍的稳定与健康发展，直接影响着职工积极性的发挥和企业价值的创造，是推动经济社会发展的强劲动力。研究发现，随着经济的发展和企业分配机制的完善，职工收入虽逐年呈现增长的趋势，但增长幅度并不合理，低于GDP增速以及物价的涨幅。不仅如此，高管与普通职工工资收入差距过大，国有企业与非国有企业职工工资收入过大等现象非常普遍。那么，企业应建立什么样的工资增长机制，不仅能让职工分享企业的经营成果，企业还能储备足够的发展资本，对于确保职工队伍的稳定，构建和谐企业，改善民生有着十分重要的意义。

因此，在企业普通职工工资水平长期过于增长缓慢并与高管差距过大，劳动份额在初次分配中比重较低，消费持续走低以及内需增长缓慢的大背景下，本书以我国上市公司职工工资增长现状为研究出发点，探析影响职工工资增长的主要因素并建立企业合理的工资增长机制，对于健全我国收入分配格局，改善人们生活水平、转变经济发展发展，建设和谐社会具有十分重要的理论价值和现实意义。

第一，丰富了企业职工工资增长的学术文献。工资事关社会的稳定和发展，且国内职工工资增长缓慢，本书以企业职工工资作为研究对象，从工资现状着手，分析工资增长的影响因素，最终构建企业职工工资的最佳增长模式和空间。不仅可以丰富工资增长的学术文献，而且可以更好地激励工资改革，协调工资与利润的关系，促进公司发展，提供理论借鉴。

第二，促进企业效益增长与职工工资增长良性互动的前提保障。合理的、正常的工资增长机制，使劳动者获得与其付出相匹配的工资报酬，是提高劳动者工作积极性，增加劳动者归属感的重要推手，进而为企业稳定发展奠定坚实的人力基础。

第三，构建和谐劳动关系的现实基础。企业与劳动者间劳动关系的稳定与否很大程度上取决于工资报酬。那么，企业建立正常工资增长机制，实现工资增长与利润增长，不断缩小高管与普通职工的薪酬差距，是妥善协调和化解劳资矛盾，使劳资关系由对抗走向合作，促进企业劳动关系和谐稳定，提升企业价值，促进企业持续健康发展的保障前提。

第四，调整国民收入分配格局的关键环节。研究企业职工工资的影响因素进而建立工资正常增长机制，不仅有助于中国工资水平的提升，还能为公务员、教师、农民工等社会其他群体劳动报酬的正常增长起到指导作用。逐步提高劳动报酬在初次分配中的比重，提高居民收入在国民收入分配中的比重，有助于推动国家收入分配格局的调整，日益缩小收入差距。对于促进分配公平和社会和谐稳定，全面建成小康社会和构建社会主义和谐社会，实现共同富裕具有十分重要的意义。

二、文献回顾

企业职工工资事关社会的稳定和发展，受到社会各界的广泛关注。国内外学者从不同角度对企业职工工资展开了研究，并取得了一定的成果。下文将针对企业职工工资相关文献展开较为全面的回顾，通过对企业职工工资的研究文献进行梳理和分类，在了解学界与业界关于企业职工工资的现状、工资增长的影响因素、工资增长的经济后果等研究动态的基础上，探析本书的研究切入点，展开本书的研究工作。

（一）关于工资差距的研究

从微观数据层面来看，相比非国有企业，国有企业职工的工资更高、福利更好。陆正飞等（2012）研究发现，国有企业支付了更高的职工工资，国有企业高管薪酬与非国有企业并无显著差异，国有企业普通职工工资却显著高于非国有企业。那么，职工工资在不同股权性质的企业中是否存在差异性呢？这也使很多学者开始关注不同股权性质企业之间的工资差异，并对不同股权性质企业工资存在明显差异的深层次原因进行探析，究其原因，可能在于我国国有企业和非国有企业在经营目标、外部环境和公司治理等方面存在着巨大差别，即职工工资的形成机制不同。

美国等西方国家实行的是市场经济下的市场化工资制，而我国则实行的是转轨经济条件下的双轨制工资制，这是使我国职工工资存在着很大差距性宏观方面的原因，尤其表现在企业高管和普通职工的薪酬上。进一步地，国内外学者开始从微观层面探析职工工资的差距相关原因，Bebchuk 等（2002），Bebchuk 和 Fried（2005），Cheng（2005）认为，管理层权力是上市公司高管薪酬和职工工资水平性存在巨大差距的一个重要原因，权力较大的公司高管能在一定程度上影响薪酬设计过程，选择甚至操纵对自己有利的业绩标准，进而支付给自己更高的薪酬（王克敏和王志超，2007；卢锐等，2008；权小锋等，2010；方军雄，2011），为了降低与职工的摩擦成本进而“享受安静的生活”（Bertrand 和 Mullainathan，1999，2003），权力大的 CEO 会给与自己等级相近、地域上与总部相近以及强势工会组织中的职工以更高薪酬（Cronqvist 等，2009）。

Pangano 和 Volpin（2005）研究进一步指出，在美国等西方国家，管理层普遍会与员工建立良好的人际关系以降低其被解聘的可能性，这是因为这些国家的经理人市场较为发达，经理人权力较弱，他们需为“讨好”普通员工而做出一定的努力。然而，中国的经理人市场并没有形成（李新春，2003），国有企业的管理层大多由当地政府任命（吕长江和赵宇恒，2008），非国有企业管理层的选聘上虽然较国有企业有更多的自主权，但存在任人唯亲的现象（储小平，2000），那么，在此背景下，各所有权性质企业中的管理层均无紧迫利益诉求，经理人相对普通员工具有较强的权力。这也就说明了高管和普通职工薪酬业绩敏感性方面存在着非对称性特征（方军雄，2011）。

（二）关于职工工资影响因素的研究

国内外学者在对职工工资增长进行研究时，开展了大量的定性和定量的分析。宏观环境中的劳动生产率、物价水平、GDP 以及失业率等是学者较为一致的研究出发点，进而学者普遍认为在众多工资增长的影响因素中，市场导向的经济性因素起到了非常重要的作用。如 Auld 等（1980）认为，物价与工资之间有关系，并且通过实证研究证实了物价的波动会引起工资的变动。Blejer 和 Cheasty（1990）研究发现，劳动生产率与工资之间也存在着关系，即劳动生产率会对工资产生重要影响。Budd 和 Nho（1997）对美国企业的工资形成机制进行了研究，其研究发现不仅支持了 Blejer 和 Cheasty（1990）的研究结论，还发现了物价和失业率同样也会对工资产生重要作用。借鉴国外学者的研究方法，胡放之（2005）以中国资本市场为研究对象，研究同样发现了物价水平与工资之间存在相关关系，即物价水平与工资之间呈现出一种彼此相互促进的关系。这可能是因为工资在某一类企业总成本的比重较高，劳动力与其他生产要素的价格会随着企业产出量的增长而上涨，而物价总水平又因产品成本的增加和提高，最终又形成物资随工资的上涨而上涨，工资随物价的上涨提升的螺旋式上升的态势。除物价、劳动生产率以及失业率的影响，通货膨胀率对职工工资的影响也呈现出显著的正向关系（宁光杰，2007），工资黏性也是影响工业企业工资增长的重要因素（宋晶和李会敏，2014）。

1. 劳动生产率的影响

马歇尔的供求价格均衡论指出，工资由劳动力供给和需求达到均衡时的价格所决定。以该理论的内容为指导，一些学者从劳动力供给角度对近年来工资持续上涨的现状进行了分析和讨论，如蔡昉和都阳（2011）认为，我国工资的快速增长与刘易斯拐点的到来直接相关，这是因为我国的劳动力供给因刘易斯拐点向人口红利转折点过渡而快速下降，进而导致了工资水平的快速增长。但是，劳动力供给和需求的变动是影响工资变动的短期因素。这是因为工资增长的可持续性还需依赖于劳动生产率的不断提高（蔡昉，2012；熊珍琴，2018）。也就是说，劳动生产率是决定工资变动的长期因素。丁元（2007）以广东省人均工资增长为研究发现，重点分析了劳动生产率对工资增长的影响，研究发现工资增长与劳动生产率呈显著的正相关关系，即劳动生产率的提高会带动工资水平的提高。然而，王宏（2014）虽然肯定了劳动生产率对工资增长的正向影响，却认为这一影响程度同地区具有不同的表现。张军和刘晓峰（2012）以工业企业全样本数据为研究对象，自 20 世纪 90 年代以来，劳动生产率与工资水平虽然呈现出了相同的增长态势，但是工资增速明显地落后于劳动生产率，且这一差距在逐步扩大，致使劳动生产率对工资增长的正向影响逐步下降。李红涛和党国英（2012）的研究也证实，工资在1992～2008年对劳动生产率的反应有一定的滞后性，劳动生产率对工资的影响程度还较低。王泽填和姚洋（2009）、王雪珂和姚洋（2013）研究了农村人口比重与可贸易部门工资增长的关系，发现农村人口的比重越高，工资增长的速度越缓慢，可能的解释是，农村人口多意味着劳动力供给充裕，这就弱化了劳动生产率提高对工资增长的正向影响作用。刘鹏飞和李莹（2016）从全国和东部、中部、西部地区两个角度分别研究了劳动生产率、“巴萨效应”对工资增长的影响，研究发现，在全国数据样本范围内，工资增长随着相对生产率的提高而提高，即“巴萨效应”在全国整体范围内是存在的。从地区角度来看，劳动生产率对工资增长的正向影响只在西部地区成立，可能是因为劳动生产率的提高具有“边际递减效应”。而这也提供了一个新的解释框架。

2. 出口的影响

出口能够显著提高工人收入已得到国内外学者的普遍证实。Bernard和Jensen（1995）以企业异质性为研究角度，研究发现，当出口企业规模越大，劳动生产率越高，资本越密集，企业为员工支付高工资的能力则越强。Liu等（2001）对我国台湾地区电子产品出口企业进行研究后同样发现了职工工资在规模更大的出口企业中更高，这是因为高工资对职工具有激励作用，企业生产率会随着企业在新技术、机器等智能化方面的投资规模的加大而提高。Isgut（2000）以哥伦比亚的制造企业为研究样本，研发发现，相较于非出口企业，劳动生产率和人均工资在大规模、资本密集度高的进口企业中均较高。这为出口是否影响工资增长提供了一个新的研究方向。陈怡（2009）分别对出口企业和进口企业的职工工资进行了探析，发现出口对行业相对工资有正向的上拉作用，进口对行业相对工资有负向的下拉作用；于洪霞和陈玉宇（2010）进一步证实，出口与职工工资增长具有相互促进作用，这是因为出口企业因其独特的资源能吸引须支付高工资的高技术的高端的人才，而技术密集型企业又倾向于出口。王铂（2010）从宏观层面证实了我国工人的实际工资受贸易额的正向影响。熊珍琴（2018）从微观层面分析了出口贸易对工资增长率的影响，采用动态面板数据模型对深圳经济特区 294 家规模以上工业企业数据进行分析后发现，相对于非出口企业，出口企业的平均工资较高，且职工工资增长率与企业成立的时间、企业规模有关，成立时间越晚，企业规模越小，职工工资增长率越快。但是，研究仅证实了出口贸易增长会显著正向影响深圳特区的工资水平和经济发展，而职工工资增长率是否受出口贸易这一因素影响尚未被证实。

3. 垂直专业化分工的影响

Feenstra 和 Hanson（1999）、Senses（2010）研究发现，垂直专业化分工有助于提高工资弹性，因而会导致工资水平的下降。但是 Egger 等（2002）、Lommerud 等（2009）、Munch 和 Skaksen（2009）的研究却认为，由于需求规模扩大或者劳动需求弹性的降低，垂直专业化对非熟练工和熟练工工资收入的提高都起着积极的促进作用。戴魁早（2011）构建了一个理论模型探讨垂直专业化对工资增长的影响，并选取中国高技术产业 1995 ~ 2008 年三位数行业面板数据，运用面板单位根及协整检验估计方法进行了经验分析。研究表明，垂直专业化有利于行业工资收入水平的提高，但对工资收入的贡献具有显著的行业差异性；行业总收入对工资收入水平的提高有促进作用，且具有行业差异性。但是，还有一种观点则认为，垂直专业化对收入的影响不仅具有不确定性（König 和 Koskela，2011），而且对不同技能工人工资收入的影响也不相同，可能是降低了非熟练工的工资，提高了熟练工的工资（Geishecker 和 Görg，2008；王中华等，2009a）。

4. 人力资本投资的影响

当工资增长刚进入学者的研究视野时，学者普遍从经济性因素着手研究工资增长，也进行了一些一致性的研究。但是，随着研究的深入，经济性因素对工资增长的解释力度逐渐变弱，学者将研究角度转向了企业和个人这两个微观层面，其中，人力资本投资得到各界的普遍关注，并发现了人力资本对工资增长的影响不仅存在着地区差异、行业差异，在不同所有权性质的企业中也同样会产生差异。张车伟和薛欣欣（2008）研究发现，人力资本存量越高，职工的工资的越高，引入企业产权性质的影响后，相对于非国有部分，人力资本存量在国有部门发挥了更为显著的优势，这也解释了为何国有企业职工工资高于非国有企业职工的工资。若要缩小年轻人之间的工资差距，提升个人人力资本（教育水平）是有效途径。这是因为职工的工作能力和创新能力会随着其人力资本投资的提高而增强，从而提高生产效率，提高工资收入水平。而人力资本投资与收入之间也呈良性循环。李晓达等（2019）探析了非认知能力对工资增长的影响，通过国际学术界公认的“大五”人格模型对50家企业的员工数据进行了统计分析。研究发现，无论是非认知能力各维度指标还是非认知能力综合指标均与员工工资水平呈显著的正相关关系，虽然非认知能力在员工中存在差异性，但是非认知能力能有效预测员工的工资水平。

从宏观层面来看，只有进行再分配才能产生政府教育投资的收入效应。这不仅是因为创造性劳动产生的超额报酬能被人力资本所分享（胡筱舟，1999；谢茂拾，2002），更是因为劳动者主动进行人力资本投资将在工资中以人力资本分配的方式起作用（秦兴方，2003）。在确定工资时，牛德生（1998）建议按照包括风险投资的补偿和利润参与度等人力资本产权进行分配；秦兴方（2003）建议应以人力资本不同的存在形态作为参考依据，在潜在的人力资本状态下，应以人力资本投入作为分配依据；在现实的人力资本状态下，应以现时人力资本作用的大小作为分配依据；而在凝固的人力资本状态下，应选择人力资本贡献大小。徐国君和夏虹（1999）、陈宪（2003）则认为，应该按人力资本创造社会财富的贡献大小进行分配。同时，还应强调“等量资本获取等量报酬”的原则（张军，2003）。

5. 工会的影响

制度学派的兴起再次转移了学者研究的视角，学者开始从工会的力量、劳动力市场分割、歧视等制度层面探析工资增长的影响因素。其中，工会是公认的具有较大影响力的因素。西方国家的学者首先研究了工会对美国服务行业员工的工资增长的影响，发现随着工会力量的增强，美国服务行业工资的增长也会提高，即工会显著正向影响工资增长，这一结论也得到了国外其他学者的证实。我国部分学者也探析了工会力量对我国职工工资水平及工资增长的影响，李稻葵等（2009）以中国社会科学院2000～2004年的工业企业调查问卷样本数据，但是研究仅发现了工人的谈判能力对企业工资水平具有相关关系。李红涛和党国英（2012）研究发现，中国的工会力量与平均工资变动呈现出显著的负相关关系，这意味着工会组织在资方利益代言人及劳资关系调节中的能力较弱。詹宇波等（2012）采用企业层面的数据从微观层面探讨了集体工资议价能力是否对工资水平具有影响，研究发现，集体工资议价并不能显著提高职工工资水平，也说明了集体工资议价在我国并没有普遍性。关于工会对工资的影响，我国学者普遍认为，工会力量对职工工资增长没有实质性的影响，甚至存在一定的负向效应，得出了与国外学者不同的研究结论，这是因为我国工会具有一定的特殊性。其根源还在于我国的社会制度与资本主义制度存在较大差异，我国的制度环境还有待进一步完善。也正因如此，从工会这一制度因素对工资增长的影响因素仍处于起步阶段。

6. 其他因素的影响

马双等（2012）研究了最低工资标准变化对企业平均工资的影响，研究发现，最低工资上涨对企业职工平均工资的增长具有异质性，这是因为人均资本在不同行业存在差异性，因此，对于劳动密集型以及人均资本较低的企业，最低工资标准的提高对平均工资水平的提高起到了显著带动作用。“同工不同酬”的现象在劳动力市场上普遍存在，即不同产权性质企业的职工工资存在差异性，即使在性质相同的企业，岗位不同，职工工资待遇也存在着千差万别，余向华和陈雪娟（2012）认为，这是户籍制度导致的，是造成工资差距的重要因素。张杰和黄泰岩（2010）从企业层面探析了影响工资水平的因素，研究发现，企业规模和企业管理水平均与职工工资存在显著的负相关关系，这也就意味着企业规模越小，这是因为大规模企业在与员工工资议价的过程中处于强势地位，企业管理水平越低，职工工资水平越高，可能的解释是，工资支出是偏向于少数中高层管理人员而不是一般员工。Slichter（1950）通过对美国制造业相关数据的分析发现，企业利润显著地正向影响着职工工资水平，即企业利润越高，职工的工资水平越高。

Hann 等（2017）从会计盈余的信息含量入手，实证检验加总的会计盈余对未来 1 ~ 4 个季度劳动力市场变化的预测能力。针对会计盈余的持续性特征，该文选取自回归模型与自回归求积移动平均模型估计加总的会计盈余，继而用实际值减去估计值得出会计盈余变化，结果发现，本期加总的会计盈余变化与未来期间的就业岗位增长率及职工工资增长率均显著正相关。卿小权等（2018）考察企业加总的会计盈余对未来社会就业及职工工资增长的预测含义。基于 2002 ~ 2017 年的样本数据发现，企业加总的会计盈余变化与未来 1 ~4个季度的失业率显著负相关，与净增就业人数、职工工资增长率显著正相关。特别地，与加总的会计盈余增长对就业及职工工资增长的促进作用相比，会计盈余下降对就业和职工工资增长的抑制作用更为明显。对盈余进行分解发现，管理层主要根据核心盈余变化做出人员增减及工资调整决策，非核心盈余与未来就业及职工工资增长并不显著相关。

（三）工资增长经济后果的相关研究

工资收入对职工而言非常重要，尽管职工收入结构呈现多样化特征，但是工资在所有收入中的比重达80%左右（Yueh，仁岳，2004）。目前，笔者掌握的关于工资增长经济后果的文献较少，并主要集中在以下三个方面：第一，工资增长对企业绩效的影响。虽然职工工资作为企业成本，其上涨会降低企业利润，但Adam Smith（1776）、Marshall（1890）、Koontz和Weihrich（1998）通过研究发现了职工工资的提高实际上会刺激企业利润的增加，即高工资对企业绩效具有正面影响。这是因为工资的提升对职工具有一定的激励作用，高工资能激励职工更加努力工作，为企业创造更多的效益（Shapio和Stiglitz，1984；Lenoard，1987；Holzer，1990）。

第二，工资增长对出口的影响。Adams等（2006），Akyz（2011），Banister（2005），Peng（2011）以及Yang等（2010）研究发现，工资水平的增长不仅给出口导向型行业带来极大影响，也显著影响到我国的农业生产。工资水平的增长改变了劳动力密集型作物（如棉花等）和劳动力粗放型作物（如小麦、水稻和玉米等）的生产成本和成本结构，进而改变了其投入要素结构及其生产结构。李昭琰和乔方彬（2019）的研究发现证实了上述结论，即工资增长不仅影响出口导向型行业，而且显著地影响农业的发展。通过对建立的理论模型进行定性分析得出工资增长对棉花等劳动力密集型作物的生产有消极影响，而对粮食作物等劳动力粗放型作物的生产有积极影响。

第三，工资增长对就业水平的影响。就工资增长与就业水平增量（即岗位创造）的关系而言，一般认为直接影响是负向的。一方面，资本对劳动的替代会造成岗位破坏，而事实上资本深化趋势在中国制造业行业正普遍发生作用，同样的产出增加带来的就业增量在持续下降（袁富华和李义学，2009）。另一方面，人工成本的上升同样也会影响新投资的进入，从而降低岗位创造率。Beaudry 等（2010）在搜寻与谈判模型的框架下讨论了工资对岗位创造的影响，认为整体的工资增长增强了工人的谈判力量，带来单个企业的工资增长，从而对单个企业的雇用决策产生影响。Elsby 和 Shapiro（1999）的研究模型主要考虑了个体劳动力市场经验的回报变化和总体生产率增长对就业的影响，发现是工资增长通过对劳动力工作动机的影响进而对就业率产生影响，认为高工资和高生产率会带来更高的就业率；反之则带来低就业率。就中国的情况而言，工资增长对就业的影响在理论和经验研究上都存在不同意见（姚战琪和夏杰长，2005；宁光杰，2007；何平和骞金昌，2007；叶仁荪等，2008；朱轶和熊思敏，2009；唐国华，2011）。巫强和葛玉好（2014）对经典的企业短期雇用决策方程进行拓展的基础上，利用沪深上市公司 2000 ~ 2011 年的企业层面数据，用 OLS、固定效应面板和系统广义矩估计三种方法估计工资增长对岗位创造的影响。研究发现，工资增长对岗位创造的影响程度在劳动力供给增长放缓和经济持续增长的背景下应是可以接受的，但制造业所表现出的在低扩张倾向下的工资弹性增加值得关注。因此，就工资增长的经济从中短期来看，Nickell 和 Andrews（1983）、Blanchard 和 Katz（1992）、Krueger 和 Pischke（1997）及 Blau 和 Kahn（1999）均认为，工资增长对就业水平的影响是负向的或是无明显影响的。而 Bruno 和 Sachs（1985）、Staiger 等（2001）、Elsby 和 Shapiro（1999）则认为，从长期来看，工资增长可能会通过促进技术进步、提高劳动者的劳动积极性、提高总需求水平等途径提高就业水平或是就业率。

（四）工资增长机制相关研究

在对国外工资增长机制有关文献进行梳理时不难发现，多数市场经济国家的工资决定及工资增长机制主要来自早期的集体谈判工资理论，但是，不同国家的集体谈判制度因各国国情、历史文化、国家干预程度的差异、谈判代表力量的差异以及集体谈判集中程度的差异而各不相同。在经济全球化的背景下，虽然资本在国际间的流动不断加强，工会的力量呈现下降的趋势。也正因如此，各国现有的集体谈判制度也有所弱化。但是，工会的力量会随着政府是否大力发展非公有经济、出台就业政策以及促进国际经济增长进一步增强，同时国家是否出台各种吸引外资的政策也会影响工会力量的发挥。为弥补市场失灵的缺陷，政府还应通过宏观调控对工资水平予以指导，平衡劳资力量（Musgrave Rechard A.，1959；Jacob Mineer，1958）。然而，也有些学者指出，工会的存在会不利于竞争，造成劳动力市场供给的垄断，进而使劳动力的价格出现不合理的增长趋势，该种观点受到了萨尔·D. 霍夫曼（1989）反驳，他认为在评判工会对工资的影响时，应看其是否超过一个适当的范围，若在适度的范围内，工会可以促进工资水平的适度增长。我国早期关于工资增长机制的研究主要集中于工资指导线制度。宋关达（1994）对如何确定年度工资增长指导线的方法进行了研究，他指出，在一般情况下，职工工资的增长应低于国民生产总值的增长，但总体上还是应当与国民生产总值的增长相适应。在制定工资指导线时，不仅需要考虑定量因素，还应考虑就业政策、收入分配政策等国家大政方针的指导作用（林玳玳，2007）。孙富国（1998）在吸收和发展前人理论和研究方法的基础上，利用多元线性回归法建立了工资增长预测模型，经济发展水平、劳动力供求状况及物价水平三大经济因素对工资增长具有重要的影响作用（刘军和阮持华，1998）。

（五）研究述评

国内外学者关于工资增长的研究，主要集中在国有企业和非国有企业中高管与普通职工是否存在工资差距、职工工资增长的影响因素、职工工资增长的经济后果、工资增长机制等方面，虽然取得了一定成就，但也存在着以下三个方面的不足：第一，中国企业不同层次职工工资及其增长存在较大的差距性，但关于工资增长机制的研究目前正处于起步阶段；第二，企业不同层次职工工资增长的决定机制有待于进一步系统化和深入化；第三，企业不同层次职工工资增长方式及空间还有待于进一步研究。而这些不足也是本书将进一步探讨的。

三、研究思路与内容

本书以工资决定理论、报酬递增思想、人力资本理论为指导，以我国上市公司的相关数据为基础，本书将较为系统、深入地对企业职工工资增长的现状、影响因素及经济后果进行实证检验，具体的研究思路和研究内容如下：

（一）研究思路

本书以我国 2001～2018 年沪深两市 A 股上市公司为样本，对企业不同层次职工工资增长相关问题进行了深入的研究与探讨。第一，在选题上，通过统计和计量经济学研究方法，查阅大量相关文献，在了解国内外劳动经济学、会计学各领域的研究现状基础上，提出本书的研究选题；第二，系统地回顾了工资增长的相关理论，并以此为基础，查阅相关的课题文献，查阅课题相关文献资料，确定理论基础，撰写文献综述；第三，根据研究问题，提出假设，利用 Stata 软件，进行实证数据整理和统计描述分析；第四，利用计量经济学方法，对整理后数据进行实证检验；第五，得出结论，并结合本书的实证研究结论，给出启示或建议，指出研究的不足和未来深入研究的方向。

（二）研究内容

本书内容可以从逻辑上分为四大部分，即导论、文献回顾与理论分析、研究主体、研究结论。除导论和研究总结外，本书又可以具体地划分为六个层次。

第一个层次是第一章，介绍研究的相关基础理论。本部分从四个方面阐述：一是对工资本质的讨论，分别从西方经济学、政治经济学和社会主义市场经济对工资的本质进行探析；二是工资决定理论，即马克思以劳动价值论为基础的按劳分配理论、克拉克的边际生产率工资理论、马歇尔的均衡价格工资理论、新凯恩斯主义提出的效率工资理论等；三是报酬递增思想，指出职工工资增长符合社会发展和经济增长的趋势；四是人力资本理论，指出人力资本在工资增长中的作用。

第二个层次是第二章和第三章，本部分首先采用描述的方法对我国改革开放 40 多年来各时间阶段劳动力成本的变化及其相关原因进行描述和归纳总结。再对我国上市公司职工工资变化和增长现状进行分析。在描述职工工资变化和增长现状的过程中，分别通过全样本、分产业、分产权性质和分地区四个方面对全体职工、高管和普通职工的工资变化和工资增长率进行逐一的分析，以更具体和清晰地揭示中国上市公司职工工资现状。

第三个层次是第四章，对职工工资增长是否影响企业创新行为进行了探析。工资属于企业的劳动力成本，但是，对于企业而言，理性的创新行为除了要考虑资本、劳动的相对价格外，还要考虑企业的人力资本质量（或者说人才质量）。劳动力成本上升对企业创新行为的影响可能是通过提升人力资本质量与降低资本的相对价格两个渠道进行传导的。基于此，本书首先分别探讨了高管薪酬增长和普通职工工资对企业创新的影响，又进一步探析了该种关系在不同产权性质中是否会存在不同。

第四个层次是第五章，重点检验工资增长与企业利润增长的相关关系。在第四章研究结论的基础上，建立联立方程进一步对企业职工工资增长与企业利润增长进行分析。并分别对普通职工工资增长与企业利润增长进行分析，以得出工资增长与利润增长之间是相互促进的因果关系，还是此消彼长的互动关系。

第五个层次是第六章，探讨企业职工工资增长的决定机制。一是从分析中国改革开放前后企业工资决定机制着手；二是在梳理现有相关研究文献并归纳总结影响因素的基础上，构建研究模型，进而分别对全体职工、高管和普通职工工资增长的决定因素进行分析；三是重点关注产权性质对工资增长的影响以及工资增长与企业利润增长是否具有一致性。

第六个层次是第七章，构建我国企业职工工资增长机制的原则和对策。企业职工工资增长机制不仅应注重效率和公平，还应将按劳分配与多重分配方式有机结合，进而提出“保障职工工资与企业利润和物价水平同步增长”“加强政府对国有企业工资的合理调控”“建立健全最低工资标准制度”“完善劳动力市场化”等具体对策。

本书的研究内容和研究框架如图 0－1 所示。

四、研究方法与基本约定

在研究过程中，为避免研究方法和重要概念的混淆，将书中所运用的方法和基本概念约定如下。

（一）研究方法

本书以收集文献资料为先导，以劳动经济学、制度经济学、发展经济学、计量经济学等理论为指导，结合定性分析与定量研究以及综合分析和比较研究等方法，灵活运用规范研究和实证研究方法进行研究，主要采用文献研究法和实证分析法进行研究。

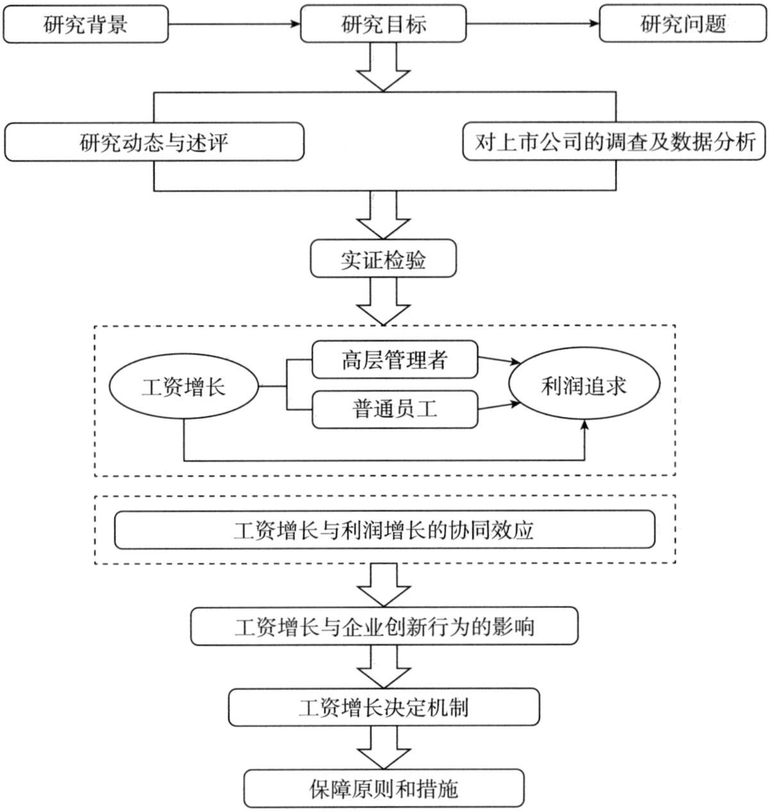

图 0-1 研究框架

1. 文献研究法

科学研究需要充分地消化研究资料，需要对问题进行深入的理解，以掌握最新的科研动态。本书通过研读与本书相关的国内外著作、报纸杂志以及其他文献，梳理企业工资增长的研究成果，为本书的观点提供充分的理论依据或从中提炼出理性的认识，丰富和补充研究观点。

2. 实证分析法

本书采用我国 2001～2018 年沪深两市 A 股上市公司为样本，对工资增长涉及的相关问题进行深入研究。根据研究问题，提出假设，收集、整理和分析数据，并利用 Stata 软件进行统计描述分析和实证检验。

（二）相关概念约定

为使本书的研究过程能够更准确地体现笔者的思想，并不因学者的不同认识引致歧义，特对书中涉及重要概念的内涵与范围做如下约定。

1. 劳动力成本

劳动力成本，是雇主（企业）因雇用社会劳动力所支付的费用，与人工成本在很多情况下是一致的（赵晓霞，2009）。从理论方面来看，劳动力成本具有双重属性，一是基于企业视角，劳动力成本是成本的一部分；二是基于劳动者视角，劳动力成本则表现为工资（姚先国和曾国华，2012）。因此，在衡量劳动力成本时，大多学者采用了“工资”指标（魏国学和常兴华，2012；黎文靖和杨丹，2013）、“工资、奖金＋福利”指标（曾庆生和陈信元，2006）、“工资＋劳动生产率”指标（都阳和曲玥，2009；周宇，2014）、“工资＋生产效率”指标（王万珺等，2015）、“工资总额占国内生产总值的比重”指标（刘焕鹏等，2018）。随着社会保障体系的逐步建立和完善，劳动力成本的范围也在不断扩大，根据国际劳工组织（International Labour Organization，ILO）对劳动力成本的定义，劳动力成本不仅包括工资、劳动薪金等直接成本，还应涵盖雇主为其承担的社会保险费用、住房费用、职业培训支出、招聘费用、交通费、工装费、餐补以及雇用员工发生的税收成本等间接成本（贺聪等，2008；张本波，2008）。不难看出，劳动力成本是一个较为宽泛的概念，反映的是劳动力从雇主（单位）在一定时期内获得的全部收入（唐庆银，1999），若是使用工资数据可能会低估劳动力成本（王昆和李兆千，2018）。因此，他们使用劳动报酬作为衡量劳动力成本的变量，但是估算出的劳动报酬与工资水平数据非常接近。此外，综观中国各类统计年鉴中，并没有劳动力成本的任何数据，只有职工工资总额和平均工资，劳动部〔1997〕261号文件在对人工成本定义时明确指出“职工工资总额占人工成本比例最大”，且据推算，工资比重在中国劳动力成本构成中占80%左右，因而工资基本上可以衡量劳动力成本（姚先国和曾国华，2012）。

学者近期探讨的一个热点问题是中国劳动力成本已呈现上升趋势（蔡昉和都阳，2016；李实，2016），而更多的研究在于劳动力成本上升对出口企业转型升级（任志成和戴翔，2015）、产业结构升级（原小能和唐成伟，2015）、国际竞争比较优势的影响（刘厚俊和王丹利，2011）以及中国是否还有低劳动力成本优势（姚先国和钱雪亚，2013；周宇，2014）等。虽然也有文献研究了劳动力成本为何会上升（张本波，2008；金三林和朱贤强，2013），但均未明确指出劳动力成本的构成要素。基于国际劳工组织对劳动力成本的定义以及劳动部〔1997〕261号文件对人工成本的界定，可以将劳动力成本大致分为四个方面：一是基本成本（主要包括工资、奖金、红利、社保及税费等）；二是生活成本（主要涉及食物、饮品、燃料、职工住房费用等）；三是智力成本（主要是指教育、培训等费用）；四是其他成本（涵盖交通费、服装费和招工费用等所有其他未定义的成本）。由于工资占劳动力成本中占80%，因而其他三项成本总额约占劳动力成本的20%。劳动力成本构成要素如图0－2所示。

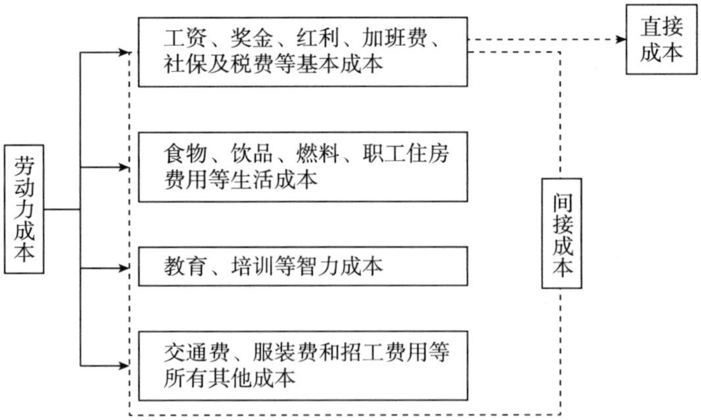

图0－2　劳动力成本内涵框架

2. 工资

在劳动经济学中，“工资”的内涵是指劳动者向企业或者其他用人单位提供劳动而获得的经济报酬，其外延有广义和狭义之分。广义的“工资”是指员工为用人单位提供劳动而获得的所有货币和实物报酬，包括直接的经济报酬如基本工资、奖金和津贴等以及间接的报酬如社会保险、住房补贴等。狭义的“工资”指劳动者得到的货币报酬，主要由基本工资、奖金和津贴构成。

在我国现行法律法规规定中，关于“工资”的内涵和外延，主要有以下三种界定，分别如下：

第一，《关于工资总额组成的规定》（1990 年 1 月 1 日国家统计局第 1 号令）规定：工资总额是指各单位在一定时期内直接支付给本单位全部职工的劳动报酬总额，主要由计时工资、计件工资、奖金、津贴和补贴、加班加点工资、特殊情况下支付的工资六个部分组成。

第二，《关于贯彻执行〈中华人民共和国劳动法〉若干问题的意见》（劳部发〔1995〕309 号）规定：《中华人民共和国劳动法》中的“工资”是指用人单位依据国家有关规定或劳动合同的约定，以货币形式直接支付给本单位劳动者的劳动报酬，一般包括计时工资、计件工资、奖金、津贴和补贴、延长工作时间的工资报酬以及特殊情况下支付的工资等。

第三，《国家税务总局关于印发〈企业所得税税前扣除办法〉的通知》（国税发〔2000〕84 号）规定：工资薪金支出是指纳税人每一纳税年度支付给在本企业任职或与其有雇佣关系的员工的所有现金或非现金形式的劳动报酬，包括基本工资、薪金、奖金、津贴、补贴、年终加薪、加班工资以及与任职或者受雇有关的其他支出。地区补贴、物价补贴和误餐补贴均应作为工资薪金支出。

国家统计局、劳动部、国家税务总局对工资的界定有着一定的差异，适用范围不同，但也存在明显的共性，即强调工资支付者与被支付者之间的隶属关系，强调工资支付方式的直接性，强调工资的劳动报酬属性。表现为劳动者在雇主的支配下提供劳动所获取的报酬。

鉴于在本书的研究中部分数据来自《中国统计年鉴》，且会计准则中关于工资的统计也以国家统计局相关规定为标准，为了统一数据口径，方便数据对比和统计分析，本书中的“工资”采用第一种界定方式。

3. 职工工资

现有研究在计算企业职工工资时，通常基于两个视角进行考察，一是狭义企业职工工资，二是广义企业职工工资。就狭义企业工资而言，它是指企业发给员工的纯货币工资收入；就广义企业工资来看，它是指既包含企业发给员工纯货币收入工资收入，也包括企业发给员工各种福利以及企业为员工缴纳的何种失业保险金和养老医疗保险金。本书认为，采用广义企业职工工资能更好地反映和衡量企业支付给职工的薪酬总额，也被众多研究采用（张杰和黄泰岩，2010；陆正飞等，2012；巫强和葛玉好，2014）。

在衡量职工工资时，本书主要采用现金流量表中“支付给职工以及为职工支付的现金”作为薪酬总额的替代。同时，本书也通过分析2007年现行会计准则颁布之后的“应付薪酬”项目明细计算应计会计制下的支付给职工的薪酬总额作为工资总额的另一种替代。其中，“应付职工薪酬”这一项目包括实际支付给职工的工资、奖金、各种津贴和补贴等，为职工支付的养老、失业等社会保险基金、补充养老保险、企业为职工支付的商业保险金、住房公积金、支付给职工的住房困难补助以及企业支付给职工或为职工支付的福利费用等。需要说明的是，此项目不包括支付给离退休人员的各种费用与为“在建工程人员”支付的现金。“应付薪酬”的计算公式为：

支付给职工以及为职工支付的工资 = 本期产品成本及费用中的职工薪酬 + 应付职工薪酬（除在建工程人员）期初余额 − 应付职工薪酬期末余额

4. 高管

在国外相关高管的文献中，对于高管的英文单词，大部分的学者使用"Executive Officer"（高管），而对高管工资，大部分学者使用"Executive Compensation"（高管薪酬）。目前，国内对于上市公司高管的范围在理论上和实践中并没有形成相对一致的观点。由于国外大部分企业股权相对分散，导致CEO在公司经营管理决策中发挥着无可比拟的作用，所以，在西方国家，有些学者研究高管问题主要就是研究CEO。而我国由于股权相对集中，一些学者就将高管限定于CEO、总经理、董事会成员、监事会成员等。如魏刚（2000）认为，高管包括公司董事会成员、总经理、总裁、副总经理、副总裁、财务经理、总工程师、总经济师、总农艺师、董事会秘书和监事会成员等。

在我国会计准则中，《关联方交易》准则将高管范围界定为董事长、董事、总经理、总会计师、财务总监、主管各项事务的副总经理以及纳入到企业的高管人员。2006年，《公司法》将高级管理人员的范围界定为经理、副经理、财务负责人，上市公司董事会秘书以及公司章程规定的其他人员。中国证监会在《关于在上市公司建立独立董事制度的指导意见》（以下简称《意见》）中将独立董事排除在上市公司高管之外。为保证独立董事的独立性，该《意见》明确要求独立董事不得在公司中担任具体的职务，并要求独立董事必须独立于股东，要求独立董事不能与公司或经营管理者有重要的业务往来和关联关系。

因此，本书考虑数据的可获得性以及本书研究问题的需要，将高管的范围界定为董事长、总经理、副总经理、财务主管、董事会秘书、董事、监事以及公司年报中公布的其他高管人员。

5. 高管薪酬

高管薪酬是指股东采取一些激励手段，消除高管与股东之间的利益矛盾，使高管在追求自己利益的同时、能够最大限度地实现股东价值的最大化。高管薪酬的主要构成一般是“工资＋奖金＋长期激励性报酬”。其中，工资是固定薪酬，与高管的业绩状况无关；奖金是根据当年业绩提取的一部分奖励性薪酬，高管必须达到一定的业绩目标才能获得；而长期激励性报酬，则包括股票或股票期权等形式，一般要在若干年之上才能兑现。长期激励性报酬的本质是它的递延性，可以达到锁定经理人为企业的长期利益努力的作用。企业高管薪酬会在年报中进行披露，因此，本书所采用的高管薪酬数据来自上市公司各年的年报。

高管人均薪酬＝高管薪酬总额/（高管总数－不领取薪酬的高管数量）

关于高管人员的界定，请参见前文“高管”的界定。

6. 普通职工工资

本书中所指的普通职工，是指除去企业管理人员、离退休人员之外，在编的所有人员。因此：

普通职工人数＝在职员工数量－高管数量

全体职工人均工资＝支付给职工以及为职工支付的工资/在职工员工数量

普通职工人均工资＝（支付给职工以及为职工支付的工资－高管薪酬）/（在职员工数量－高管数量）

其中，全体职工数量，即在职员工数量来自企业公司治理数据库。

第一章　理论基础

对工资问题的研究是经济学研究领域中的重要内容。在 19 世纪上半叶，经济学家日益强调市场交换的重要性，对分配领域的关注超过了对生产领域的关注，从而开始高度重视工资问题的研究。若要深入认识、掌握并解决经济学中工资及其增长这一重点及热点问题，建立和完善企业职工工资正常、合理的增长模式，这就需要了解工资的相关理论。对经典的工资理论进行梳理、回顾、研究和分析，从中查找和挖掘影响工资增长的相关因素，对于厘清我国当前的分配关系，具有重要的指导意义。下文将分别从工资的本质、工资决定理论、报酬递增理论、人力资本理论和劳动力市场分割理论进行阐述。

一、工资的本质

对企业工资增长进行深入、系统的研究之前，首先应了解工资的本质及制定。因此，在本书开篇，有必要对工资的本质进行讨论和梳理。就笔者目前掌握的资料，工资的本质可分别从西方经济学、政治经济学和社会主义市场经济学进行探析。

（一）西方经济学中的工资本质

亚当·斯密（1776）认为，工资是劳动价格。也就是说，工资是对劳动的支付。工资赚取者是指那些提供劳动的人们，并且因其付出的劳动而获得相应的货币价格。而工人是工资赚取者从其劳动中获取直接所得，这一所得，称为契约性工资。而劳动者的普通工资都取决于劳资双方所订立的契约。

劳动价值论则认为，价值只能由劳动要素产生。而萨伊（1963）的效用价值论提出了所有的要素都能创造收入的观点。也就是说，不仅资本和土地可以创造收入，劳动同样可以创造收入，进而认为价值与使用价值相同。对于劳动创造的收入而言，我们将其称为工资。斯密认为，商品价值是由必要劳动创造的，即一般社会劳动。劳动者的工资是商品价值的组成部分，是扣除土地租金、资本、利润后的剩余。随后，大卫·李嘉图（1817）在此基础上进一步指出，劳动的价值不仅应包括工人对生产生产资料所付出的劳动，还应包括生产商品时所付出的劳动，而这一产品不应仅在土地所有者和资金家之间进行分配，还应包括工人，即工人的工资。除此之外，劳动者及其家人维持生活的必要生活资料的价值也是决定工资多少的基本要素。将各经济学家对工资的构成进行解读后，关于工资的本质，他们普遍认为工资是劳动的报酬，即劳动力要素在市场上的价格表现，即是对劳动的报酬，并且是对雇用劳动的报酬。

（二）政治经济学中的工资本质

卡尔·马克思与李嘉图的观点一致，也认为工资是劳动力价值的转化，是劳动力及家人维持基本生活物质资料的表现，但是，不同于李嘉图的观点，马克思认为工资的本质中还包含了子女的教育费用，即使子女教育费用对于普通劳动者来说微乎其微，可忽略不计，但这是工资内涵的进一步延伸，不仅如此，马克思还认为工资将随着劳动者劳动时间的付出而变化。然而，劳动力付出的时间和劳动并没有完全转化为工资，因为劳动者通过付出劳动和时间实际创造的价值与他们所得到的工资之间存在很大的差额，而这一差额正是马克思提出的被资本家无偿占用的剩余价值，是对劳动者剥削。因此，马克思提出了按劳分配的设想，即劳动者给予社会的在做了各项扣除之后正好等于他从社会领回的，即每个劳动者基于他们付出的劳动时间可以获得相应的酬劳。依据社会主义社会存在的商品生产和货币交换的实践，列宁进一步发展和丰富了马克思工资理论，一方面，他在肯定了计件工资制的同时又提出了通过货币工资的形式对劳动报酬进行计量；另一方面，他提出了奖金制，以刺激生产。

可以发现，马克思和列宁关于市场经济（资本主义经济）中工资的探讨和界定，既有联系又有区别。就两者的共性来看，主要表现在以下三个方面：一是关于工资的定义，即工资是劳动者提供从属劳动获得的报酬；二是关于工资的特征，工资是基于市场交换而形成的契约性工资；三是关于工资支付的形式，工资一般表现为货币支付。综上所述，通过按劳分配的方式，工资是劳动者劳动创造价值的全部，即劳动者所获得的报酬是其劳动创造价值的全部报酬。这是马克思理论的核心观点，也是列宁所支持和赞同的，但是列宁对马克思理论的发展说明马克思按劳分配理论存在一定的问题，即构成了两者的区别，主要在于：一是对工资的特征进行了延伸，即进一步指出工资是交换的劳动力价格；二是工资不仅是劳动力基本生活的保障，还能起到激励劳动者努力工作的作用；三是按劳分配中的“劳”不仅通过劳动者付出的时间来计量，还包括劳动者的最终劳动成果——产品。

基于上述分析，工资是劳动力价值或价格的转化，且劳动力才是资本主义社会的交换对象，而非劳动价值，即形成区分劳动力价值和劳动创造的价值，且是马克思关于工资决定的最伟大的贡献。然而，马克思在衡量劳动力价值时仅考虑了劳动力供给的物质成本这一个方面的影响，忽略了劳动力的实际贡献，进而无法解释计件工资制及其特殊形式，如绩效工资、能力工资等。由于劳动力是不同质的（包括先天的禀赋、后天成长、努力程度等），每个劳动者的贡献存在差别，所以，劳动力再生产的成本费用以及劳动力效用的大小都是影响工资的重要因素。

（三）社会主义市场经济中的工资本质

产权明晰是市场经济这一交换经济得以健康发展的必要前提条件，对于社会主义市场经济的发展也是如此。在企业和劳动力的关系中，企业拥有自主分配权，劳动者拥有劳动力所有权，即拥有对劳动力支配、使用的权利，这两种权利在国家社会主义经济的改革中通过企业体制改革、就业制度完善以及劳动合同的规范而得以明确。而工资也正是因劳动力权利在劳动者与企业之间进行了交换而形成，即劳动报酬或契约工资。但是，需要明确的是，仅劳动力的使用权在企业与劳动者之间形成交换，而非劳动力或者是劳动。这是因为虽然劳动者拥有劳动力所有权，但是，如果交换中转移的是所有权，而劳动者本人与劳动力不可分离，这就意味着形成了“人的买卖”，而人在现代文明社会中是不允许成为商品的进行交易的。因此，对于劳动者而言，在进行劳动力交易时，需将劳动力的使用权从劳动力的所有权中进行剥离，即只能交易其劳动力所有权中的使用权，劳动力的产权即为劳动力使用权。正如现代经济学所理解的，人们交换的本质是某种权利，这种权利既可以是近期的，也可以是远期的，如商品交换中，交换的不是商品本身，而是商品所有权的交换。约翰·R. 康芒斯认为“权利就是资产”。为了让有限资源最大化利用，防止所有权对资源垄断，而造成资源的闲置浪费，现代物权制度强调了对物的利用，用益物权制度的建立和完善，使用益物权成为具有独立效力的财产权，并具有可转让性。这为劳动力使用权作为独立效力的财产权进行转让提供了制度保证。由于企业仅获得了劳动力的使用权，但是企业也依然享有对劳动力的支配权，但是在企业与劳动者签订的合同规定时间内，无论企业是否行使劳动力支配权这一权利，都应给劳动者支付相应的报酬。不仅如此，企业在行使劳动力支配权时还不得损害劳动力对这一权利的行使，即不得随意延长劳动时间，危害劳动者安全、健康等。

综上所述，在社会主义市场经济中，工资是劳动力使用权交换价值的货币表现，是劳动者基于劳动力使用权转让而获得的报酬，是劳动者通过劳动力使用权交换而获得的对价，表现为劳动者在雇主的支配下提供劳动所获取的报酬。工资多少取决于劳动力的成本及其效用，亦取决于劳动力市场中，交换双方的经济力量和可选择的机会。

二、工资决定理论

据文献资料显示，工资决定理论最早诞生于美国等西方国家，且距今已有200年的历史。在这200年间，随着经济的发展，经济学家对工资决定的分析已从“劳动力价值”“劳动力供求规律”延伸至“劳动力的边际生产力”“制度性因素”，研究的深度和广度都有所加强。在《国民财富的性质和原因的研究》中，亚当·斯密认为，工资不仅应由市场供求决定，不同劳动力的工资还应具有差异化，这是现有的资料中关于工资最早的较为系统的论述。随后，马克思、克拉克和凯恩斯等经济学家分别提出了各自的观点，如马克思以劳动价值论为基础提出了按劳分配理论、克拉克提出的边际生产率工资理论、马歇尔提出的均衡价格工资理论以及新凯恩斯主义提出的效率工资理论等。对西方经济学中关于工资决定理论的梳理和总结，对本书建立健全企业职工工资正常增长机制的研究具有指导意义。下文总结了马克思的工资决定理论、现代制度学派的工资决定理论、边际生产率工资决定理论、供求均衡工资理论和效率工资理论。

（一）马克思的工资决定理论

马克思科学、完整地分析了资本主义商品经济自由竞争这一过程，该分析不仅较为系统地揭示了市场经济运行过程中共同的、一般的规律，还较为详尽地论述了市场工资机制运行过程。基于此，马克思认为，劳动力作为一种商品，其价值是由生产和再生产劳动力这种特殊商品所需要的社会必要劳动时间共同决定的。工资则是劳动力价值或价格的转化形式，是劳动力价格的特种名称。

马克思指出，“工资是由那些决定其他一切商品价格的规律决定的”，“劳动报酬忽而提高，忽而降低，是依供求关系为转移的，依购买劳动的资本家和出卖劳动的工人之间的竞争情形为转移的”，这也就意味着，作为劳动力商品价格的工资，工资的形成和增长必须遵循市场法则，在市场规律的作用下发现变化，即供求规律和竞争规律共同制约和影响着工资的形成和增长。综上所述，马克思关于工资（劳动力的价格）决定和增长的论断可归纳为三个方面：一是劳动力供给者之间的竞争，这种竞争将降低工资水平；二是劳动力需求者之间的竞争，这种竞争将提高工资水平；三是劳动力供给者和需求者之间的竞争，这种竞争中的工资将取决于竞争双方的对比关系。这是因为，劳动力商品的供求状况及供求的改变是决定劳动力需求者和劳动力供给者竞争的优劣势的关键要素，因此，只要劳动力商品供求关系改变，劳动力商品的价格波动就会随之而发生波动，即工资水平会随之而上涨或下跌。

虽然马克思指出工资水平会随着劳动力商品供求关系的变化而发生波动，但马克思同时也指出：“在这种波动的范围内，劳动的价格是由生产费用即为创造这一商品所需要的劳动时间来决定的。”这就意味着该种波动存在一定的界限。生产劳动力所需要的劳动时间，可以量化为生产劳动者必需的一定量的生活资料所需要的劳动时间。或者说“劳动力的价值，是由生产、发展、维持和延续劳动力所必需的生活资料的价值决定的”。马克思在这里清楚地说明了工资水平的波动是以劳动力价值为基础。因为劳动力发挥作用后的消耗，必须要重新得到补偿劳动力因损耗或死亡，需要新的劳动力来补充劳动者要获得一定的劳动技能，需要一定的教育和训练费用。此外，马克思还指出，劳动力价值的决定影响工资水平的决定，具有与其他一般商品价格决定不同的特点。劳动力价值决定受着纯生理的要素和历史或社会的要素两类因素的影响和制约，尤其是历史或社会方面的要素可能使工资变化具有较大的伸缩性。因此，马克思说“劳动的价值本身不是一个常数，而是一个变数，它甚至在其他一切商品的价值仍旧不变的条件下也是一个变数”。而且随着资本积累过程的不断推进，“工人之间的竞争就增长得更迅速无比。也就是说，资本增长得越迅速，工人阶级的就业手段即生活资料就相对地缩减得越厉害”。由此，工资水平的决定将在很大程度上取决于劳动力供给者竞争实力的增加，取决于联合的谈判力量。

（二）现代制度学派的工资决定理论

20 世纪初，作为新古典经济学的一个对立面，现代制度学派的工资理论制度学派在美国诞生。制度学派的早期代表人物是 Thorstein Veblen（凡伯伦）、John R. Commos（康芒斯）和 Wesley C. itchell（米契尔）。制度学派经过经济学家长达 50 年的研究和努力，形成了较为系统的派别——现代制度学派。

由于劳动力缺乏流动性，失业现象普遍存在，且无法在短期内得以解决，制度学派认为劳动市场是一种不完全竞争市场，工资也缺乏弹性。在探析相关原因时，制度学派认为这主要是由社会地位、歧视、市场细化等社会性因素以及内部劳动力市场、工会和政府等制度性因素导致的，他们还指出正是这些社会性和制度性因素的存在，直接或间接地造成了劳动力在劳动力市场中的配置作用和效率远低于新古典学派。

也正因如此，制度学派的学者强调了企业文化、习俗、最低工资、工会等制度性因素对工资决定过程中起到的重要作用，此外，他们还提出了工会和集体谈判对工资的影响尤为重要这一观点。这是因为，在制度学派看来，若是工会力量足够强大，他们会通过罢工这种强硬手段要挟企业保障自身权益，而经验表明，企业在工人罢工后往往会通过增加工人工资的方式以使工人尽快复工复产。

新古典主义自20世纪60年代后又取得了新的进步，制度学派在吸收和融合了新古典学派的先进理论和观点后，于20世纪70年代后发现了一些重要的研究成果，如以米契尔·派尔雷、皮特多林格尔为代表提出的劳动力市场分割理论。市场分割理论首先否定了劳动力在劳动力市场中并非是自由流动的；其次认为劳动力市场并非是一元化的且劳动力之间存在着异质性；最后指出劳动力的供给和需求并不是决定劳动力工资的唯一要素，还包括许多其他因素，如劳动者所处的部门或者行业以及劳动者所拥有的人力资本是决定劳动者工资的除劳动力供需外的其他两个重要因素。

在否定了劳动力市场的一元化后，新制度经济学派提出了二元劳动力市场理论。二元劳动力市场理论认为，依照工作的性质和劳动者的特征，劳动力市场可被分为两个劳动力市场，主要劳动力市场和次要劳动力市场，或者内部劳动力和外部劳动力市场。劳动力在每个劳动力市场内部是可以自由流动的，但是劳动力在劳动力市场之间的流动却受到限制或者流动性是受限的或者是有限的。主要劳动力市场中的劳动力具备熟练的、较好的工作技能，较高的工资水平，稳定的就业，良好的工作环境和条件以及较多的受训机会和升职空间。反之，在次要劳动力市场中，劳动力的工作技能较低，具有非常大的可替代性，工作岗位极不稳定，工资水平较低，提升受训的机会也非常有限。他们认为，之所以形成差异如此之大的两种市场形态，主要在于两部分的市场结构不一样。在二元劳动力市场理论下，劳动力所处的劳动力市场对于他们的工资水平的影响已经超过了劳动力自身教育程度的影响。

制度学派从制度的角度探析了职工工资存在差异的原因，该学派对于劳动力市场结构和运行机制的看法与新古典学派是截然不同的，如新古典学派认为市场性因素是劳动力资源配置以及劳动力工资形成的决定性因素，而制度学派则强调了工资刚性、劳动力流动障碍（二元劳动力市场）、工会、最低工资等在工资决定中起到的作用，同时也指出劳动力市场属于不完全竞争性市场。

（三）边际生产率工资决定理论

19 世纪末，美国经济学家克拉克提出了工资的边际生产率理论。克拉克认为，不仅资本具有生产率，劳动也同样具有生产率，无论是资本生产率还是劳动生产率都是递减的，即边际生产率。随着单位劳动或资本生产要素的增加，单位生产要素的生产率会递减，最后的、最小的生产率即为边际生产率。

克拉克通过劳动生产率对工资进行分析，进而指出工资标准可用劳动生产率进行衡量。他认为，工人的工资水平是由最后追加的工人所生产的产量来决定的，即厂商雇用的最后一个工人所增加的产量（劳动）的边际产品，工资决定于劳动的边际生产率。边际生产率工资理论如图 1 – 1 所示。在图 1 – 1 中，X 轴表示劳动投入，Y 轴表示劳动产出，ADCO 表示全部劳动产出，劳动的边际生产率决定了支付给劳动力的是 BDCO。如果投入的只有劳动和资本，那么，ABD 部分为资本所有。曲线从左上方向右下方倾斜表明边际生产率递减规律作用，即随着劳动力投入的增加，对应产出的增加速度呈递减现象。劳动力的边际产出与 L 线相交于 D 点，决定了给付劳动力的工资水平 B。对企业来讲，支付 B 水平的工资是理性的行为，而在 D 点，企业则实现了利润最大化。按照克拉克的边际生产率分配理论，所有的产出都进行了合理分配，既没有剩余，又没有不足。基于上述分析，工资由劳动的边际生产率决定，利息由资本的边际生产率所决定。

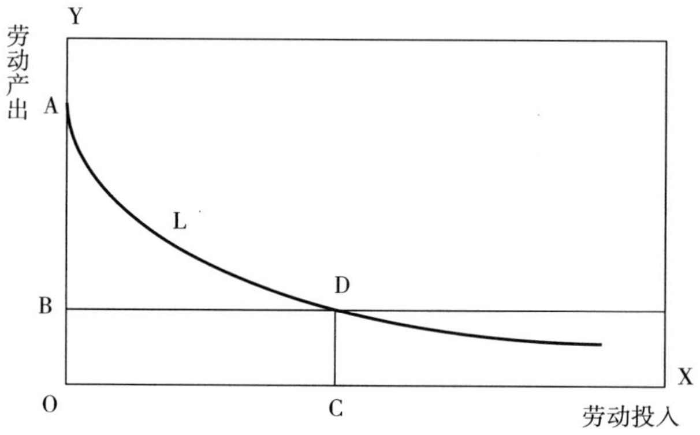

图 1－1　边际生产率工资理论

在工资理论发展的历史长河中，边际生产率理论占据着重要的地位。不同于以往研究，边际生产率理论对工资的讨论从市场、制度等宏观角度延伸至企业、厂商这一微观层面，建立起了工资与生产率之间的联系，因此，该理论也成为公认的对长期工资水平做出的最令人满意的解释。

（四）供求均衡工资理论

基于供求均衡价格理论，Marshall（1890）提出了供求均衡工资理论，马歇尔也同时指出，只有完全竞争劳动力市场中的工资才能被供求均衡工资理论所解释。马歇尔认为，工资即劳动力价格，既然价格由供需决定，那么工资就是由劳动力在劳动力市场中的供给和需求决定。也就是说，当劳动供需达到均衡状态时，当劳动需求者雇用最后一个劳动者所增加的产出或付出应与劳动者取得的报酬相等，而劳动力的价格就是工资。在此条件下，当劳动者增加的产出小于劳动雇用者支付给他的报酬或者工资时，劳动者将无法被劳动力市场所接受；反之，当劳动雇用者支付给劳动者的工资小于劳动者的付出或产出时，劳动雇用者会增加劳动者的雇用，但劳动力此时也不愿意进入劳动力市场。只有在劳动者所增加的产出正好与劳动雇用者付给他的工资相等时，劳动需求者才既不会增加所使用的劳动者，也不会减少所使用的劳动者。

在对工资的形成及决定因素进行研究的过程中，马歇尔将生产成本理论、边际生产力理论以及劳动力的供给和需求等共同纳入供求均衡理论中。从劳动力的需求方面来看，工资由劳动的边际生产力决定，是厂商愿意支付的工资水平，是劳动的边际生产力或劳动的边际收益产量。当劳动力供给充足而劳动力需求较少时，劳动需求方可选择的劳动力较多，劳动供给者可能会通过压低自身劳动报酬的价格以尽快找到工作岗位，而劳动雇用者也能以较低的价格在劳动力市场上雇用到合适的劳动者；反之，当劳动力市场上的劳动力供给小于需求时，劳动雇用者往往会高于均衡价格以尽快找到适合的劳动者，弥补劳动缺口。从劳动的供给方面来看，一方面，劳动力的工作时间和闲暇时间也是工资的决定因素；另一方面，维持劳动者自身生活开支以及相关教育培训是劳动者愿意接受的最低工资。但是，这一最低工资并不意味着就是企业支付给劳动者工资水平，两者是不相等的。既然劳动力的工资水平是由劳动力需求价格和劳动力供给价格共同作用和决定的。因此，工资水平在劳动力的需求大于劳动力供给时上升，但又会随着劳动力市场上劳动力需求的降低而回到均衡价格；反之，工资水平在劳动力需求大于劳动力供给时而下降且低于均衡价格之后，当减少劳动力供给时，工资水平又会逐步回升到均衡价格。

与克拉克的边际生产力工资理论相同，马歇尔的供求均衡工资理论同样也是以完全竞争的劳动力市场为基础，两者的区别在于，马歇尔从劳动力的供给方和需求方两个方面对工资的形成和决定进行分析，而克拉克则认为，边际生产力是决定劳动力工资的主要因素。从上述分析中不难看出，马歇尔的研究将工资的形成与决定理论向前推进了一大步。但是，现实中完全市场的经济行为并不常见，因此，劳动力在劳动力市场中所获取的工资并不能仅通过马歇尔的供求均衡工资理论进行解释。

（五）效率工资理论

效率工资理论最早源于发展经济学，是20世纪70年代后期产生的一种工资理论。根据新古典经济学的理论，工资由工人的边际生产率决定。西方经济学家在实证研究中发现，发展中国家经常发生企业支付给劳动者的工资高于出清工资水平的现象，这就意味着，在发展中国家，不是工资决定边际生产率，而是边际生产率由工资决定，而这一结论与新古典经济学的观点是相悖的。对发展中国家这一现象的可能解释是，学者认为发展中国家经济相对落后，人们普遍营养不良，若要改变劳动者的生活状况，提高工人工资是较为有效的一种途径。也就是说，工资的提升能改善劳动者的身体素质和体能，进而提高劳动生产率。然而，Pindyck 和 Rubinfeld（1998）研究发现，工资决定边际生产率的现象不仅在发展中国家存在，在发达国家也同样存在。这也从另一个方面说明，劳动力市场失灵和劳动力市场滞胀的问题并不能通过新古典经济学进行解释。也正因如此，诞生了效率工资理论。

效率工资理论的核心观点是，员工的工作效率是生产率的决定因素，即员工生产率随着工作效率的提升而提升，而生产率的提升是因为有效劳动单位成本的下降。也就是说，提升员工工作效率的有效途径是提升他们的工资水平。但是效率理论并没有将工资视为生产率的结果，而是倾向于将工资视为促进生产率提高的手段。劳动者虽然会增加其努力工作的程度，但是企业却无法完全监督劳动者是否努力工作以及为此付出的努力程度，劳动者既可以选择偷懒，也可以选择努力工作，只是当劳动者选择偷懒又被企业发现后，将承担被解雇的风险，即劳动供给者和劳动需求者之间存在的信息不对称将导致劳动者存在着道德风险。实践表明，若要减少劳动者的道德风险，增加劳动者的努力程度，最终提高劳动者的工作效率，企业提高劳动者的工资水平是一种较为有效的途径。基于此，在信息不完善的劳动力市场中，当企业支付给职工的工资超过劳动力市场的出清工资水平时，员工的劳动生产率也将在一定程度上有所提高。根据学者的研究发现，逆向选择效应、劳动力流动效应、偷懒效应、公平效应可用于解释工资提高对劳动生产率的正向影响。具体分析如下：

一是逆向选择效应。企业与劳动力市场之间存在的信息不对称，工资水平往往是减少这一信息不对称使企业获取求职者潜在生产力的一种有效途径。劳动者的能力与其愿意接受的最低工资，即劳动生产率与保留工资之间存在正相关关系。也就是说，劳动者的能力越强，生产率越高，他们愿意接受的保留工资就相对于能力低、生产率低的劳动者所要求的保留工资越高。因此，在这一前提下，企业先行的工资水平对于将决定其能否雇用到能力高、生产率高的劳动者。也就意味着，若企业提供的工资水平低于高质量劳动者所要求的最低工资，高质量劳动者不会供职于该企业，企业雇用到的只能是要求低保留工资的劳动者，企业支付的工资水平将直接决定着劳动者素质的高低，若企业想提高企业整体的平均生产率，须支付相对较高的工资。

二是劳动力流动效应。效率工资理论认为，企业支付给劳动力的总成本由两部分组成，首先是变动成本（工资成本），其次是固定成本。所谓固定成本，是相对于变动工资成本而言的，是不随劳动者工作时间而变动的成本，但与劳动者的数量有关，如劳动力的招聘费用和培训费用。在企业利润最大化目标的驱动下，企业最为关注的是总成本，即企业还关注着工资成本以外的成本，其中，职工辞职率是一个增加企业固定成本的重要因素，这是因为培训费用对于企业来说一项重要的人力资本投资，而员工的离职不仅将这一投资无法获取投资收益，还需增加新的招聘费用。那么，如何降低职工的离职率对于企业稳定固定成本是一个亟待解决的问题。研究表明，合理地提高劳动者工资，降低职工离职率是一种较为可行的方法。

三是偷懒效应。研究表明，劳动者的效用越大，其所获得的工资就越高，与其付出的劳动呈负相关关系。因此，劳动者在劳动的过程中可能会选择努力工作，也可能会选择偷懒，对于企业而言，它希望每一个员工都在努力工作，但是观察和监督每一个员工是否努力工作的成本又是非常高的，而工资水平则是将劳动者利益与厂商利益连接在一起的有效方式。基于前文的分析，若劳动者因偷懒而遭到雇用方的解聘，且此时企业支付的工资水平又高于市场出清的工资水平，此时这一被解聘的劳动者将很难在劳动力市场上找到适合的工作，他很可能会面临失业。对于劳动者而言，他们最好的选择就是努力工作。

四是公平效应。虽然企业与劳动者之家存在着较为严重的信息不对称，但是劳动者之间的信息是相对透明的，他们通过会相互比较其劳动付出和劳动收入，并在这种比较的基础上改变其行为方式，最终使各劳动者的收入和付出趋于均衡。因此，当劳动者认为他们的劳动付出与劳动收入存在不对等时，他们可能就不会努力工作；反之，当他们认为自己的付出与收入对等，收入甚至超过付出时，他们就会努力工作以回报企业。也就是说，劳动者是在乎自己是否受到了公平对待。基于这一分析，提高劳动者的公平感受是其努力工作、提高劳动生产率的有效前提，而高工资则是劳动者感受到公平的有效方法。

效率工资理论不仅适用于发展中国家，在发达国家也同样适用。效率工资理论指出，工资会对工人的营养水平产生正面影响。也就是说，只有多给工人发些工资，工人才能吃得起营养丰富的食物，而健康的工人能产生更高的生产效率。此外，劳动力的平均素质也主要取决于企业向雇员所支付的工资。如果企业降低工资，最好的雇员就会到其他企业工作，而留在企业里的是那些没有其他机会的低素质员工。这一观点适用于发展中国家。此外，效率工资理论还指出，高工资能降低劳动者的流动性。这是因为，职工可能因为更好的职位、职业的改变，还可能因为工作地址的变更而向企业提出辞职申请，但工人无论以何种原因离职，企业向工人支付的工资越高，对工人留在企业的激励越大，减少了工人离职率。也就是说，企业通过支付高工资不仅可以留住职工，还可以降低企业雇用和培训新工人的时间和费用。而这从另一方面对发达国家的工资增长予以指导。效率工资理论对发展中国家和发达国家的指导在细节上虽然有所不同，但它们都有一个相同的理论基础，由于向内部员工支付高工资能使企业更加有效的运行，所以企业发现将工资定位于高于供求均衡的水平是有利的。

三、报酬递增思想

报酬递增是经济增长的源泉，是国民收入增加的基础。报酬递增在古典经济学中主要侧重于对宏观经济的分析。新古典经济学中仅将规模报酬递增作为企业的生产函数和成本函数中一个假设，这也间接造成了报酬递增被逐渐遗忘。直至20世纪80年代之后，报酬递增思想随着新增长理论、新贸易理论及演化分析等理论的兴起又再次进入学术界的视野。

（一）报酬递增思想的起源

关于报酬递增的相关内容，最早可追溯至斯密在分工原理中对报酬递增的阐述，作为一种基本的社会经济现象，分工中蕴含的报酬递增思想正好可以对“国民财富的性质和原因”进行解释。斯密认为，国民劳动的熟练程度、技巧娴熟程度、判断力以及从事有用劳动的人口比例是财富多与寡的决定性因素。社会分工不仅能够提高劳动者工作的熟练程度，还能减少工作转换的时间，进而提高机器发明的进程，从而有助于国民财富总量的增加，且实践经验表明，分工越精细，其对国民财富的创造能力就越大。但是，社会分工程度不仅受到市场发达程度、资本积累和资金周转能力等因素的限制，还受到人口规模、交通状况等因素的影响。一般而言，市场越发达，资金周转和资本积累能力越强，人口规模越大，居住越集中，财富创造的速度也就更快。陆路、水陆等运输方式越通畅，社会分工就会越细致。斯密提出的社会分工能够提高劳动生产力的观点得到了马克思的认同和支持，同时指出斯密所提出的社会分工更强调协作的重要性，但马克思认为“协作生产力”是分工提高生产力的根本源泉。因此，基于历史主义的立场，马克思从动态历史的演进过程对分工理论体系进行了进一步的分析，认为生产力发展是分工演进的根本动力。此外，马克思还指出，对于劳动者生产力的提高，规模化生产是十分必要的，这也推动了工业化发展。

基于斯密和马克思对社会分工的阐释，马歇尔从劳动、资本以及生产组织之间的良性互动的角度提出了报酬递增。报酬递增，即规模经济，不仅包括外部规模经济，也包括内部规模经济。意味着在生产规模扩大的带动下，企业生产效率也随之提高，马歇尔认为报酬递增思想应具备三个方面的特征：一是重视分工的作用，这是因为分工本身就是生产的一种组织形式，与劳动、资本和组织直接相关；二是强调整体性，这是因为报酬递增是指整体经济层面的大规模生产经济；三是强调报酬递增的动态性，意味着对报酬递增问题的讨论应通过动态的分析。基于此，熊彼特（1941）认为，马歇尔实质在报酬递增思想的基础上建立了一个关于经济发展的理论。

Allyn Young（1928）虽然对斯密定理极其推崇，却认为报酬递增可能会由于二分的外部经济和内部经济而受到理解上的偏差等影响，受此影响还有对产业进步的理解，因此，他并不赞同用外部经济和内部经济作为分析报酬递增的工具。Young 主张要充分尊重市场与社会分工的相互关系，进而提出了现代经济报酬递增的源泉应该是迂回生产方法的增加和产业间的劳动分工，这一观点则发展了马歇尔“外部经济效果”的思想（汪丁丁，1994）。在报酬递增与产业组织变迁关系的探讨方面，Allyn Young（1928）认为，当劳动在产业间的分工越来越明细，企业中各个产业之间不再存在统一性，企业的内部经济便开始出现分化现象，于是专业化程度更高的内部经济和外部经济由此产生，因此他指出分工迂回程度增加是产业分化的根本原因。产业间的分工促进了报酬递增的实现，即规模经济促进了规模报酬递增，这也是新古典体系中关于报酬递增思想的核心内容。随后，以罗默、卢卡斯等为代表的新增长理论将报酬增长源泉予以内生化。这是因为新增长理论重视分工和专业化、知识与人力资本的外部性以及“干中学”等现象，如果将这些变量引入生产函数，假定要素边际收益可以递增，就能实现总量生产函数的规模报酬递增，进而实现了报酬递增来源的内源化。Arrow（1962）开创性地将技术进步作为经济增长的内生变量，他通过“干中学”模型将生产者获得知识的过程内生于模型，用累积的总投资来表示。Romer（1986）以阿罗的“干中学”模型为基础，构建了由外部经济、总产出规模收益递增和新知识生产的边际报酬递减构成的竞争性均衡模式。在他看来，生产者的一般知识可以产生外部经济，而专业知识可以作为内部经济的来源。两者的共同作用使整个经济都实现了报酬递增。Lucas（1988）运用宇泽弘文的分析框架和罗默（1986）的处理技术，吸收舒尔茨、贝克尔的人力资本理论，基于人力资本的外部经济而建立的建模对经济的内生增长机理进行了解释。事实上，正是由于人力资本外部效应的存在及其传播，不仅会提高人力资本的生产率，还会增加其他生产要素的生产率，进而导致总生产的报酬递增。

Arthur 等（1997）认为，所有的报酬递增问题都可以用一般的非线性 Polya 随机过程出现的自增强以及正反馈机制来描述。在正反馈机制起作用时，一般不会出现唯一的均衡解，也不能肯定哪一个解是最优的。一个偶然因素往往会诱导经济活动转向一个特定的方向，而不可逆的过程可能会使既有选择被锁定，而无法达到更优的可能选择。阿瑟等据此认为，报酬递增系统都会因为网络外部性、过高的启动成本、学习效应以及适应性预期等，而导致均衡的多重性、无效率的可能性、锁定、路径依赖等现象。虽然阿瑟等强调报酬递增经济学只是新古典经济学的有益补充，但仍然无法得到主流经济学家的接受。事实上，这种基于生物学范式的报酬递增分析，即便从提出到现在已经有 20 多年时间，这种革命性的分析工具至今也不能被主流经济学接受（汪丁丁等，2003）。

（二）报酬递增的内涵

报酬递增曾经与平均财富的增长、劳动生产力的提高、平均成本的降低等术语有相同的内涵。在斯密看来，分工不仅会提高劳动生产力，最终还将表现为国民财富的增长。基于劳动、资本与组织之间的互动，马歇尔对报酬递增的内涵进行了界定，在马歇尔看来，生产组织将随着资本和劳动投入的日益增加而逐渐改进，从而组织改善劳动和资本的使用效率。

在报酬递增的衡量方面，马歇尔认为无论是用投入产出数量还是用货币来测量都无法对其进行准确的计量，这是因为努力和牺牲的数量无法准确衡量，若是通过货币进行衡量，则往往被理解为资本利润率的估计。学者随后在马歇尔的基础对报酬递增进行了进一步的研究和延伸，布洛克对报酬递增和报酬递减的原因进行了较为深入的分析，指出报酬递增一般源于组织的改进，报酬递减则主要源于大自然对深耕的反映的无弹性（张日波，2012）。也就是说，如果等比例增长的投入能够带来大于这个比例的产出增长，技术表现为规模报酬递增。如果是单一产出，则意味着平均成本曲线的递减。Arthur（1999）将报酬递增理解为，领先者越发领先，落后者更加落后。新古典教科书中并没有关于报酬递增的介绍和阐述，但是有关于规模报酬概念的介绍，所谓规模报酬，是指在其他条件不变时，企业内部各种生产要素按相同比例变化时所带来的产量变化。大致可以分为规模报酬递增、规模报酬不变和规模报酬递减三种情况。因而，很多学者将报酬递增等同于规模报酬。但是这也进一步分析了目前关于报酬递增的界定还有待于学者进一步的研究和探析。

四、人力资本理论

人力资本概念由 Irving Fisher（1906）首次提出，直到 Schultz（舒尔茨）对“索洛残值”进行解读，尤其是 1960 年在美国经济学年会上发表了《人力资本投资》的演讲，将人力资本以一种更为完整和成熟的体系呈现在学者眼前，人力资本正式是被各界所知晓。舒尔茨（1961，1975）认为，人力资本的贡献是经济增长残值的根本来源，这不仅解释了国民收入为何大于土地、资金和劳动要素总量的投入，也为工资“增长”提供了部分的解释依据。事实证明，一个国家人力资本质量的提升和改善对于一个国家经济发展起到了举足轻重的作用，比如德国经济在“二战”后的快速复苏正是得益于德国对人才的重视和培养，不仅如此，人力资本大幅改善和提升还刺激了亚洲“四小龙”经济的崛起。

虽然人力资本的概念在 20 世纪 60 年代后才进入人们的视野，但学者很早就已经开始关注人力资本的重要内涵——教育对经济发展的作用。如早期有学者将个人教育费用及个人收益与教育的经济效益进行比较，这也是早期对人力资本进行测量的一种方法，只是他的这一观点并未在当时得到认可。随后，Schultz（1961，1975）对这一观点进行了深化和延伸，即在同样的生产条件下，受过高等教育的人创造的收入更多。进一步地，舒尔茨还指出人力资本主要是指凝集在劳动者身上的知识、技能及其劳动能力，是现代经济增长的动力。威廉·配第等将“技艺”列为创造财富的第四要素。也就是说，一个技艺高超的人可以提供更多的产品。Alfred Marshall（1890）将人的能力分为“通用能力”和“特殊能力”两种，强调教育投资可以带来巨额利润。Mill John（1969）虽然强调了教育支出对人力资本影响的重要性，同时也认为知识和技能是劳动生产率的重要影响因素。Friedrich List（1841）也认为，在经济发展的过程中，教育和科学的作用不容忽视，并将“物质资本”与“精神资本”的界定进行了进一步的区分。

通过对人力资本的梳理，我们可以发现，随着宏观经济学的兴起以及统计、计量方法的成熟，同时受益于经济学说史上有关劳动、技能等方面的思考，现代人力资本理论应运而生。人们对知识、技能提升而进行的投资是人力资本形成的根本来源，而投资会产生投资收益，这一投资收益正是劳动者工资收入增加的部分。因此，人力资本也可以被看作劳动者知识、技能、经验和熟练程度及综合素质的总称，在宏观上也可以用参与经济活动的劳动总人数和劳动总时间进行衡量。这是因为：第一，卫生保健设施和服务投资，可以对预期寿命、体力和耐力、精力和活动产生积极的影响；第二，劳动技能可以通过在职培训得以提高；第三，教育虽能提升技能，但是不同渠道的教育具有不同的分工，专业化知识的获取需通过正规的初等、中等和高等教育，而成人教育等在职培训只能提高劳动生产率，实践表明，农民在接受农业职业技术培训后，农业劳动生产率将显著得到提高。随后 Jacob Mincer（1958），Edward F. Denison（1962）以及 Gary S. Becker（1964）据此开展了实证研究，弥补了舒尔茨只重视宏观分析的不足。但是，拥有知识和技能的劳动者是所有资本中最重要的资本，而人力资本投资特别是教育投资对经济增长的作用巨大。这也就意味着人力资本理论证明了高质量人力资本是推动经济增长和经济发展的真正动力。

五、劳动力市场分割理论

在社会、体制、企业文化、性别等外部和内部因素的作用下，劳动者从不同的渠道进入劳动力市场，劳动力市场被分为两个或多个代表不同群体的要素市场。也就是说，劳动力被分配在不同性质单位、职位类型的岗位上，获取着不同的市场信息，承担着不同的竞争度和工作稳定度。据此，劳动力市场一般划分为城乡二元劳动力市场、不同所有制二元劳动力市场以及性别二元劳动力市场等。其中，劳动力在国有企业和非国有企业中的分布是学者重点关注的领域。陈琳和葛劲峰（2015）认为，制度因素造成了劳动力市场在国有企业和非国有企业中的分割。这是因为非国有资本无法进入国家垄断的行业，不仅使劳动力在进入国有企业和非国有企业后也会存在着差异化，进一步导致了劳动力流动性的限制。此外，郭丛斌（2004）从首要市场和次要市场两个角度分析了劳动力市场分割。其中，首要劳动力市场中的劳动力拥有较好的工作环境和福利以及稳定的收入来源，而次要劳动力市场中的劳动力不论在工作环境，还是在工资福利上都与首要劳动力市场中的劳动力存在着明显的差距。

六、理论述评

工资水平及其增长机制是影响市场经济运行是否平稳的一个重要指标。因此，在分析和研究我国企业职工工资增长时，有必要对各阶段、各视角下的工资理论进行梳理，这样有助于我们了解到工资决定的宏观调控机制，有助于我们研究的进一步深入和系统。基于各个探析工资的理论，工资的决定过程较为复杂，这也导致如何计量工资具有一定的难度。也正因如此，工资理论尚未形成统一的定论。

西方工资理论经过多年的积累和发展后形成了很多流派，古典经济学、新古典经济学、现代经济学等均从不同的视角下提出了工资形成与决定的基本观点，虽然各工资理论的基本观点不尽相同，但也存在的相似的地方，并主要表现在三个方面：一是劳动市场的供求关系是决定工资水平的基本要素，因此，劳动力供给和需求在相等时的均衡价格即为劳动者的工资，当劳动力供需不匹配时，劳动者的工资会高于或者低于均衡价格，但是，无论供需如何变化，工资都将回到均衡价格。当均衡价格高于工资时，说明劳动者的供给超过了市场的需求，劳动者（劳动力供给方）此时可能会因为无法获得理想的工资而选择退出劳动力市场，逐渐地，工资水平会随着劳动者供给量的下降再次与均衡价格相等；反之，劳动力需求量大于劳动力供给量时，工资水平会先高于均衡价格，再等于均衡价格，这一过程会反复进行。二是劳动生产率是决定工资水平第二个重要的因素。这是因为社会生产率会随着国家科技信息的进步而提高，随之而来的还有劳动者的劳动边际生产力，进而提高了劳动者的工资水平。三是人力资本水平是决定工资水平的第三个重要的因素。随着传统经济向知识经济的转型，企业越来越意识到人力资本对创造企业价值和利润的重要性，实践表明，当企业通过增加员工后续教育和培训等活动以提高人力资本积累时，不仅刺激了企业利润的增加，提高了职工的工资水平，最终形成一个良性循环。

第二章　中国劳动力成本变化现状及趋势

改革开放40多年来，中国市场化改革和经济发展水平不断提升，劳动力要素在产业间、乡城间、地区间、国际间的自由流动更加频繁，低廉而优质的劳动力一直是中国经济快速发展的重要支撑，但随着各种生产、生活资料价格的上涨，劳动力成本经历了一个不断变化与发展的过程。长期以来，劳动力成本一直是学术界研究的热点问题，近两年媒体甚至政府部门也增加了对其的关注度，这是因为劳动力成本与社会福利、人民生活水平息息相关，是劳动力市场、产品市场和货币市场实现均衡的核心变量之一，对就业、总产出、对外贸易和国家竞争力等宏观经济变量具有十分重要的影响。劳动力成本并不是一成不变的，在不同时期有不同的特点，当前，我国制造业劳动力成本攀升，驱动境外资本转移到其他低成本国家和地区的趋势日益明显，而我国尚处于工业经济向服务业经济转型的关键阶段，劳动力成本的变化客观上将会推动我国过早“去工业化”，对经济社会平稳转型提出了严峻挑战。前文提及职工工资是劳动力成本的重要组成部分，因此，详细了解我国40年来劳动力成本的变化趋势，剖析各时代背景下劳动力成本变化的原因，探讨其未来发展趋势，也有助于了解我国企业职工工资增长变化的趋势和原因。

一、土地改革推动劳动力成本从隐性变为显性（1978～1991年）

1978年12月，以党的十一届三中全会的胜利召开为标志，我国进入了对内改革、对外开放新时代。中国对内改革以“分田到户，自负盈亏”的家庭联产承包责任制（大包干）的实行正式拉开帷幕。随着家庭联产承包制的实施和推广，农民的生产积极性和劳动生产率因他们在生产中获得了相对独立的地位而大幅提高，温饱问题基本解决，农民手中不仅有了一定的余粮、资金，还有从干活“大呼隆”旧体制下解放出来的富余劳动力。加之中共中央于1980年8月提出的“三结合”的就业新方针①，1983年10月取消了原本用以限制农村劳动力向城市流动的人民公社制度，1984年中央一号文件提出的“稳定承包关系，延长承包时间”，农村劳动力迁出的制度性限制被打破，农民有了身份自由，他们便开始离开土地到小城镇务工经商，通过创办小作坊、小企业等方式发展多种生产经营，进而推动了中国乡镇企业的兴起（林小昭，2018）。1980年8月，深圳、珠海、汕头、厦门四个经济特区的批准设立进一步推动了乡镇企业尤其是东部沿海省份乡镇企业的异军突起，乡镇企业不仅成为农村经济改革的一大亮点，更是成为促进整个国民经济发展的重要力量。从1978年到20世纪80年代中期，继续务农和转移到乡镇企业的劳动力是此阶段改革中农村劳动力的主要流向。乡镇企业职工人数自1978年的2827万人迅猛

① 1980年8月，中共中央明确提出了“在国家统筹规划和指导下，实行劳动部门介绍就业、自愿组织起来就业和自谋职业相结合”的劳动就业方针，即劳动就业“三结合”的新方针。

增长至1985年的6979万人，乡镇企业职工人数占农村人口的比重也由1978年的3.4%增加至1985年的8.6%。在乡镇企业的带动下，农民人均工资与城镇居民人均工资之间的差距并不大，7年间仅上涨了131.7元。1985年后，中央经济体制改革的重心逐步由农村转向城市，以搞活国有企业为中心环节，以探索建立公有制多种实现形式、自主经营、自负盈亏、优胜劣汰、活力和效率并存的现代企业体制为主要目标，通过承包制、租赁制、扩大企业自主权等措施的城市经济体制改革也全面展开。在此背景下，劳动力大规模由农村走向城市，乡镇企业广泛地吸收当地农村富余劳动力，同时也在数量庞大廉价剩余劳动力的刺激下形成了原始积累，成为改革初期转移农业剩余劳动力的重要方式，“离土不离乡”的模式在乡镇企业蓬勃发展的背景下迅速在全国得以倡导。

这一阶段正处于经济体制改革的初期，家庭承包制的推广使家庭对农业生产具有自主决策权，劳动力资源在家庭内部实现优化配置，乡镇企业的兴起和经济特区的建立为农村剩余劳动力提供了就业场所。不难看出，农业转移人口在乡镇进厂务工或自主经营，劳动力成本不再隐藏在农地经营过程中，而是在务工过程中通过获取劳动报酬直接呈现出来，成为企业生产的关键要素，为后来以投资打头，以劳动密集型产业为重点的高速发展模式创造了初步条件。

二、市场经济体制改革释放了劳动力人口巨大红利（1992~2001年）

自20世纪90年代以来，经济社会体制改革不断深入，1992年邓小平南方谈话的发布，标志着社会主义市场经济制度由此确定起来，中国改革进入了新的阶段。市场经济改革使劳动力市场更加活跃，一支为数达几千万人的民工队伍形成巨大的“民工潮”在全国各地流动（萧灼基，1994）。图 2－1 将 1992～2001 年城镇总人口与农村总人口的变化情况进行了汇总，可以发现，在市场经济体制改革背景下，城镇人口占总人口的比重由 1992 年的 27.46% 增加至 2001 年的 37.66%，农村人口占总人口的比重由 72.54% 降低至 62.34%，10 年间，务农人员大幅下降。据统计，进城民工的数量自此开始持续稳定提高，外出就业的农民工以每年几百万人甚至上千万人的速度增长（张小建，2008），“民工潮”已成为农村剩余劳动力异地转移的一种特殊形式（尹云松，1995）。

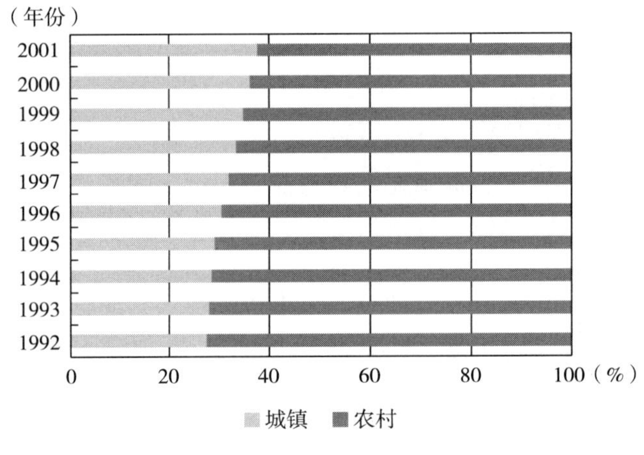

图 2－1　1992～2001 年城镇和农村人口占比

伴随香港和澳门的回归，香港、澳门和台湾三地的制造业开始大规模地向广东等沿海地区转移，而东南沿海地区也凭借着优质的基础设施和巨大的消费潜力，进一步促使了中国沿海地区成为国际制造业转移的重点承接地。以广东省 2000 年第五次全国人口普查的按现住地、户口登记地分的人口数据为例，如图 2－2 所示。截至 2000 年，外来人口达到全省人口的 60%，这也进一步说明了市场经济的改革促使了大量农民工从农村向城市，从内陆向东南沿海，从经济落后地区向发达地区的转移。那么，在巨大“民工潮”的刺激下，劳动力成本在这一改革时期会有什么样的变化，较上一改革期是上升还是下降？根据农民工的流向，我们将分别对农村地区和城镇地区以及东部、中部、西部地区的劳动力成本进行对比和分析。

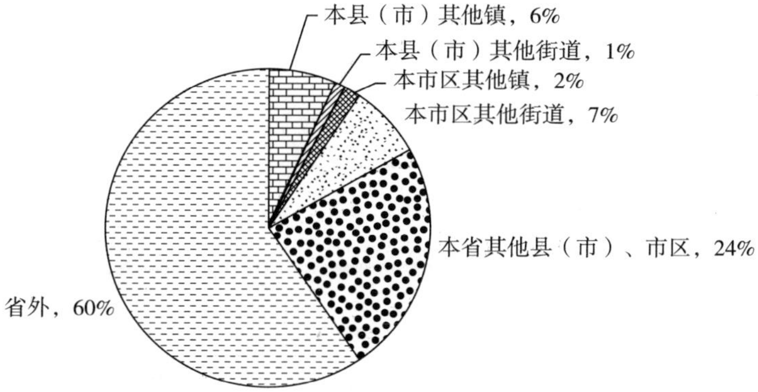

图 2-2　2000 年广东省人口分布

从图 2-3 可以看出，城乡劳动力成本增长变化趋势较为一致，虽然 1994 年后增速有所减缓，但总体上呈现出增长的态势。之所以会出现此现象，除上文中提及的“民工潮”因素外，还存在如下因素的影响。一是人口红利。据第四次和第五次全国人口普查数据统计，全国 15～64 岁劳动年龄人口从 1990 年的 66.7% 直线上升至 2000 年的 70.10%，说明此时期我国的人口红利优势十分明显。二是城镇化。国民经济在中国特色市场经济体制下高速发展，城镇化进程也在此时期进入快速推进阶段，城镇化率从 1992 年的 26.94% 急剧上升至 2001 年的 37.66%，增加了 10 个百分点，成为发展最快的一个阶段，如图 2-4 所示。在城镇化作用下，特别是城镇经济增长速度远高于农村，大量的农村居民为了更好地生活和社会服务移居到城市寻求就业机会（吴敬贤和姚金安，2016），城镇人口呈大规模、快速增长的态势，增加了城镇劳动力供给的同时也给城镇的劳动力市场提供了大量廉价的劳动力。三是福利分房政策。中华人民共和国成立以来，城镇居民的住房主要由所在单位解决，即城镇居民不会因为住房而负担额外的成本，而住房消费作为劳动力成本的重要组成部分（毛丰付，2008）。也正因如此，城镇劳动力成本虽每年有所增加，但是增长的趋势较为平稳。

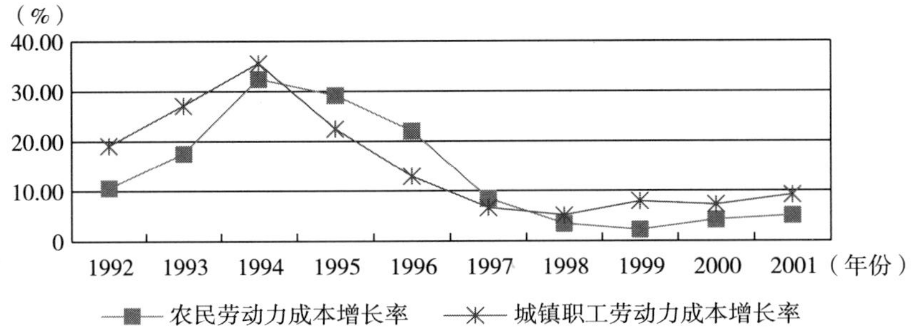

图 2-3　1992~2001 年城乡劳动力成本变化趋势

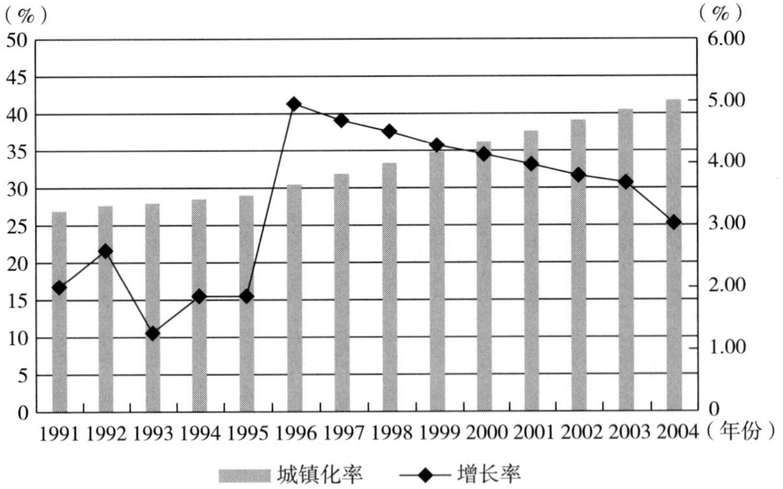

图 2-4　1991~2004 年中国城镇化率及其增长率

三、加入 WTO 后产业结构调整引致劳动力成本呈两极分化（2002～2011 年）

2001 年 12 月 11 日，中国正式成为世贸组织成员，中国开启了深度参与经济全球化的征程，改革开放进入历史新阶段。“入世”后，因关税的降低，大量外资企业纷纷在中国投资建厂，“中国制造”（Made in China）行销全世界（吴晓波，2011），中国制造业名誉响遍全球，所向披靡，在世界市场上占有举足轻重的地位（朱克鹏和樊士德，2017），Ceglowski（2007）认为，这是得益于劳动力从农业中的释放，即劳动力成本优势是我国制造业产品具有竞争力的支撑性因素。与此同时，尽管我国劳动力成本在此期间总体呈上升趋势，但是将其与美国、日本、德国、法国和荷兰等发达国家的单位劳动力成本进行对比，仍然处于一个较低的水平（魏浩和郭也，2013），从事简单体力劳动者仍供大于求。在衡量劳动力成本优势时，应采用单位劳动力成本（李建强和赵西亮，2018），即每小时（工人）劳动报酬，为劳动报酬与劳动生产率的比值（蔡昉和都阳，2016；王昆和李兆千，2018；巴曙松等，2019）。从中国劳动力成本在2002～2012 年的变化趋势来看（见表 2－1），单位劳动力成本在2002～2004 年变化不大，保持在 0.02 美元/小时的水平，但是在 2004 年之后，劳动力成本呈现快速上升的趋势，这一发现与国内外众多学者的研究结论相吻合。单位劳动力成本之所以没有在 2004 年前出现显著变化，一方面是劳动生产率因国有经济在 1998 年实施的减员增效改革措施有所提高；另一方面是我国尚未跨越“刘易斯拐点”，劳动力仍存在无限供给，未出现明显的上涨（蔡昉和都阳，2016）。以中国“入世”10 年后的 2012 年为例，中国的单位劳动力成本为0.073美元/小时，仅为美国单位劳动力成本0.290美元/小时的25.17%，日本单位劳动力成本0.819美元/小时的8.91%，德国单位劳动力成本0.699美元/小时的10.44%，法国单位劳动力成本0.620美元/小时的11.77%，具有一定的竞争优势。

表2-1　2002~2012年中国与部分国家单位劳动力成本的比较

单位：美元/小时

年份	美国	日本	德国	法国	印度尼西亚	中国
2002	0.257	0.552	0.468	0.376	0.049	0.021
2003	0.259	0.587	0.572	0.465	0.068	0.020
2004	0.262	0.631	0.618	0.518	0.071	0.022
2005	0.264	0.623	0.623	0.523	0.066	0.029
2006	0.269	0.579	0.642	0.534	0.073	0.028
2007	0.273	0.573	0.688	0.593	0.068	0.029
2008	0.279	0.664	0.747	0.672	0.063	0.038
2009	0.281	0.728	0.735	0.636	0.065	0.039
2010	0.284	0.746	0.703	0.624	0.078	0.047
2011	0.289	0.837	0.729	0.648	0.082	0.061
2012	0.290	0.819	0.699	0.620	0.086	0.073

资料来源：EIU数据库。

但是，随着大量外资企业的涌入，部分劳动密集型产业开始向技术和资本密集型产业转型，其企业产品在市场竞争中脱颖而出。这类企业凭其技术和产品优势，迅速占领了市场空间，导致中国劳动力市场从事高新技术和高智力服务的精英劳动力供不应求。同时，随着人口年龄结构的变化，农村似乎没有“剩余劳动力”，劳动力供给无限弹性的情况不复存在，农村劳动力向城镇转移速度也开始变慢。由于农村剩余劳动力数量下降，我国单位劳动力成本在2004年后出现的迅猛增长。在上述因素作用下，劳动力成本上涨成为必然趋势。将中国与印度尼西亚在“入世”10年间单位劳动力成本进行比较后，两者间差距已从2002年的0.028美元/小时，降低至2012年的0.013美元/小时，不难发现，我国的单位劳动力成本与印度尼西亚等新兴发展中国家进行对比，我国廉价的劳动力成本优势在逐步消失。

从上述分析中可以发现，“入世”后，随着产业结构的调整，出现了劳动力密集型传统产业和技术、资本密集型新兴产业并存格局，加剧了劳动力市场上劳动力成本的两极分化。

四、城镇化进程加快推动劳动力成本持续增加（2012年至今）

自党的十八大以来，我国城镇化步伐明显加快，特别是《国家新型城镇化规划（2014－2020年）》实施以来，城镇化水平持续提高，2017年末，我国常住人口城镇化率已经达58.5%，比2012年末提高5.9个百分点。从城镇人口就业来看，城镇新增就业人口自2013年以来每年都超过1300万人，且农民工总量于2017年达28652万人，较2013年增加1758万人，年均增长1.76%。然而，在就业一片大好的形势下，“民工荒”“用工难”现象仍持续蔓延，呈现出从沿海向内陆，从东部地区向中西部地区，从季节化向常态化转变的态势，而这种变化必然也会反映在劳动力价格上。

从图2－5和图2－6可以看出，2013～2017年，全国城镇就业人员年均工资从51483元提高至74318元，年均名义增速为9.71%，外出务工农民工月均收入由2609元提高至3805元，年均增长10.85%。从行业来看，制造业和建筑业农民工的工资在2013～2014年增长幅度较为明显，但是自2015年后，交通运输、仓储和邮政业以及住宿和餐饮业的农民工工资显示出了较快的增长。此外，分地区来看，2013～2015年，东部地区务工的农民工人均月收入增速分别比在中部和西部地区务工的农民工约高出1.9个和1.5个百分点。2016年后，中部地区和西部地区务工的农民工人均月收入增速显著。总体来看，我国劳动力成本近年持续增长，但同时也反映出城镇就业人员与农民工同工不同酬的现象仍然存在。

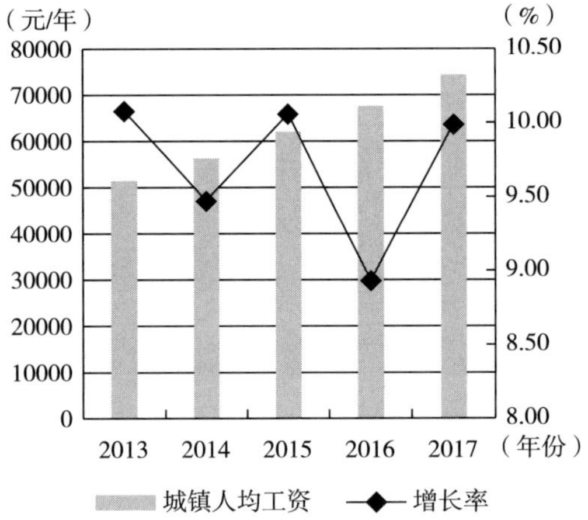

图2－5　城镇职工人均工资及其增长率

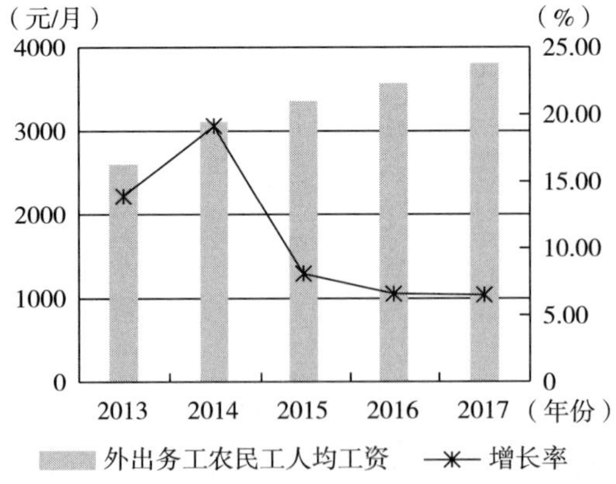

图2－6　外出务工农民工人均工资及其增长率

劳动力成本的持续快速上升势必会影响中国在国际劳工市场上的竞争优势，影响“制造大国”的地位。2013 年，我国当前的劳动力成本优势较上一时期弱化的程度更加显著，一方面表现在我国的单位劳动力成本与无限逼近美国等发达国家；另一方面与一些新兴的经济体相比，我国已经不再具备劳动力成本优势，三星、微软、耐克、阿迪达斯等电子、服装制造企业纷纷在越南设厂，2017 年，日本最大的服装连锁店优衣库货品中有 40% 由越南代工，因此，有报道称，越南将取代中国成为下一代“世界工厂”。

我国劳动力成本为何提升的如此迅速，有必要对其相关原因进行探析。劳动力成本的上升不仅与宏观经济环境息息相关，还受到人口结构、劳动力市场供求等因素的显著影响。其主要原因可以归纳为以下四点：

一是房价的持续上涨。自 1998 年取消福利分房政策后，“福利房”退出了历史舞台，住房完全走上了商品化的道路，住房消费成为劳动力成本的重要组成部分（邓清，1998）。随着城镇化带动人口向城市的不断涌入，在旺盛的需求下，加之征用土地费的与日俱增，房地产价格上升势头愈演愈烈。以北上深为例，北京、上海和深圳在 2002 年房价分别为 4460 元/平方米、4600 元/平方米和 4900 元/平方米，2017 年房价直线飙升至 59000 元/平方米、54800 元/平方米和 54600 元/平方米，三地房价年均涨幅均为 18% 左右。劳动力在高涨的房价下形成跨区域流动（邹瑾，2017），减少了劳动力供给，进而提高了劳动力成本（Miller 等，2011；Wu 等，2016），即房价上涨对劳动力成本具有正向的影响作用（毛丰付，2008）。

二是人口老龄化。中国正处于以人口老龄化为主的结构转变时期（张杰和何晔，2014），根据国家统计局数据显示，2011 年，全国 60 周岁及以上人口约 1.85 亿人，占总人口的 13.74%；2017 年，全国 60 周岁及以上人口约 2.48 亿人，占总人口的 17.30%；7 年间，60 周岁以上人口增长了 3.56 个百分点，如此巨大的老龄人口增长数量和增长质量，不仅使我国老龄人口数量和速度已成为双世界第一（杨燕绥，2016），更使我国已提前步入老龄化社会，更有甚者，世界卫生组织预测，到2050年，中国超过60岁的人口将有35%，成为世界上老龄化最严重的国家，也正因中国日益严峻的人口老龄化显著地影响着劳动力供给（蔡昉和王美艳，2012），进一步提高了劳动力成本。

三是人口增长放缓及农村剩余劳动力数量的下降。我国人口总量增速在2013～2017年保持在0.5%左右的水平，远低于世界平均值。人口红利正在逐渐消失，劳动力人口的绝对数量在2012年首次出现下降（朱克朋和樊士德，2017），人口赤字越来越显著（李国正和高书平，2017），农村剩余劳动力也从无限供给向有限剩余转变，农民工数量虽每年都有所增加，但是增长速度显著下降，从2011年的4.4个百分点的增速明显降至2017年的1.5个百分点，劳动力市场的供需不平衡，而企业在应对“用工荒”问题时，最常使用的办法就是增加劳动力的工资以及社会福利等，加之人们生活水平的不断提高以及生活成本的增加，导致劳动力成本上涨成为必然趋势。

四是劳动供给侧的结构转变。近年来，知识人力资本投资和健康人力资本投资日益受到重视，高等教育不断普及，受教育年限不断延长，医疗卫生费支出幅度的上升。据统计，截至2017年，我国15岁及以上人口平均受教育人口占总人口的比重已提升至95.15%，劳动年龄人口平均受教育年限提高到10.5年，在医疗卫生条件不断改善的推动下，我国居民平均预期寿命已由2010年的74.83岁提高到2018年的77岁，居民主要健康指标总体上优于中高收入国家平均水平（国家卫健委，2020）。在此作用下，劳动力智力和体能等能力的大幅提高，而劳动力质量和文化素质的提升，无形成为企业用工成本上升的助推器。这是因为高素质劳动力促进劳动生产率的提高，一方面劳动力对工资水平和生活标准势必因其素质的提升而提出更高的要求；另一方面企业对于高素质劳动力的需求不断增加，两者直接倒逼企业劳动力成本的上升。

五、本章小结

改革开放40多年来，我国劳动力成本在前期总体较低，上涨趋势较为平缓，但自“入世”以来呈现出快速增长（魏浩和李翀，2014；陈雯和孙照吉，2016），并保持持续上升趋势（蔡昉和王美艳，2009），近两年趋近于美国等发达国家的水平，出现了“未富先高”的现状。也正因我国劳动力成本的节节攀高，我国的单位劳动力成本目前已经失去了国际上的比较竞争优势，进而引发我国许多劳动密集型企业开始陆续将工厂转移至泰国、越南等生产成本更低的国家（文建东和林珊珊，2015）。那么，劳动力成本在后期的改革中又将呈现怎样的变化态势，值得我们进一步思量和考察。

首先，劳动力成本在短期内会持续上升。清华大学杨燕绥曾指出，中国的老龄化速度和老龄人口数量均排全球第一，加之出生率下降，人口总量增速的放缓以及高等教育的普及，延长了适龄劳动力就业的时间等，均直接或间接地影响了劳动力人口的数量，进而加剧了劳动力市场的供求不平衡。此外，住房、餐饮、交通等生活成本逐年上涨，无疑在短期内推动着劳动力成本的进一步上涨。

其次，劳动力成本结构会发生变化。本书将劳动力成本分为直接成本和间接成本两个部分，两者在宏观经济环境的影响下，工资、社会保险、住房、饮食等直接或间接成本都会有所增长。但是，随着人工智能的推广以及我国劳动密集型产业向技术知识密集型产业转型升级的需要，以农民工为代表的低端劳动力将是受到冲击最大的一个群体，他们若不通过培训、教育等方式学习新技能、新知识，未来将出现没有工作可做的局面。然而，教育对劳动力成本的影响效果固然显著，但是，如果没有健康人力投资作为基础，不仅不能增加教育人力资本积累，影响个人劳动生产能力及效用水平，进而影响劳动力成本。因此，智力资本投入和健康人力资本投入将成为劳动力成本各构成要素中增加最为显著的两项。

最后，劳动成本在长期将大幅下降。伴随着人口红利消失，用工缺口加大，劳动力成本快速上升，加之产业升级的需求以及人工智能的普及和推广，使人工智能代替人力成为一种趋势。从建行“无人银行”的建成并使用，天猫“无人超市”的设立，海底捞“无人餐厅”的开设，再到“无人工厂”大规模的出现，都证明了“机器换人”不仅能提高生产效率，还能缓解劳动力不足，是有效降低劳动力成本的一种途径。

第三章　中国企业工资增长现状描述

为更为直接、客观、具体地了解中国企业职工工资近十年来的增长现状，下文将分别从不同的角度和视角对企业人均真实收入自 2001 ~2018 年的增长趋势进行描述，并主要考察全员人均工资增长率、高管人均薪酬增长率和普通职工人均工资增长率这三个指标的变化趋势。

一、研究样本的选取

考虑到近 10 年来中国境内上市公司的队伍得到了空前壮大，且在证券市场中迅速成长起来的其中一批上市公司，已成为行业经济、区域经济的龙头，不仅促进了产业结构调整，更是对国内企业整体竞争力的提升起了带动作用。中国的上市公司已然成为推动国民经济发展的中坚力量和“助推器”，在国民经济中的地位和作用日益凸显。因此，本书选择上市公司作为企业的代表。并以 2001 ~2018 年为研究窗口，考虑到解释及控制变量的赋值涉及滞后一年的财务数据，便选取 2001 年 1 月 1 日以前在我国沪深两市 A 股上市的所有公司为研究的初选样本，并在此基础上做如下处理：①剔除当年新上市的公司，因为公司规模和股本结构会随着上市融资的变化而发生改变。②剔除当年或上年财务数据和公司治理结构资料不全的观测值。③剔除掉全部 ST 及 * ST 的上市公司观测值。④剔除高管人数、员工人数、高管人均薪酬及员工人均工资等不符合现实及逻辑的样本。经过上述筛选，最终得到 19980 个公司年度（Firm - Year）样本观察值。需要说明的是，数据主要来源于国泰安 CSMAR 数据库、CCER 数据库和 Wind 数据库，并辅以《中国统计年鉴》。数据处理软件为 Stata 15. 0。

二、全样本人均工资增长趋势

需要指出的是，中国上市公司的人均工资采用的是人均真实工资，即按各省地区各年 CPI 指数消除了膨胀因素的影响，并采用广义人均工资收入，这与仅由企业发放给职工的纯货币性工资收入组成的狭义人均工资收入相比，广义工资包含了企业为员工缴纳的各种保险金及各种福利。需要说明的是，下文中 Wage 和 WG 分别表示全样本职工工资和职工工资增长率，Mwage 和 MWG 分别表示高管薪酬和高管薪酬增长率，Swage 和 SWG 分别表示普通职工工资和普通职工工资增长率。

图 3 - 1 和图 3 - 2 对全样本职工工资在 2001 ~ 2018 年增长变化的趋势进行了描述，并分别从工资变化和工资增长率两个角度进行分析。

从图 3 - 1 可以看出，2001 ~ 2018 年，中国上市公司人均工资呈现出三个基本特征：第一，无论是全体员工人均工资，还是高管人均工资和普通职工工资，在 2001 ~ 2007 年呈现较为缓慢的增长态势，而在 2007 年后呈现出相对较快的增长态势；第二，全体职工人均工资与普通职工人均工资的变化趋势几乎是一致的，两条曲线几乎是重叠的；第三，高管人均工资与全体职工人均工资及普通职工人均工资之间呈现出一种稳步扩大的态势，尤其在2007年之后，高管人均工资与普通职工人均工资的差距是非常大的，这与现实中的状况也是吻合的。

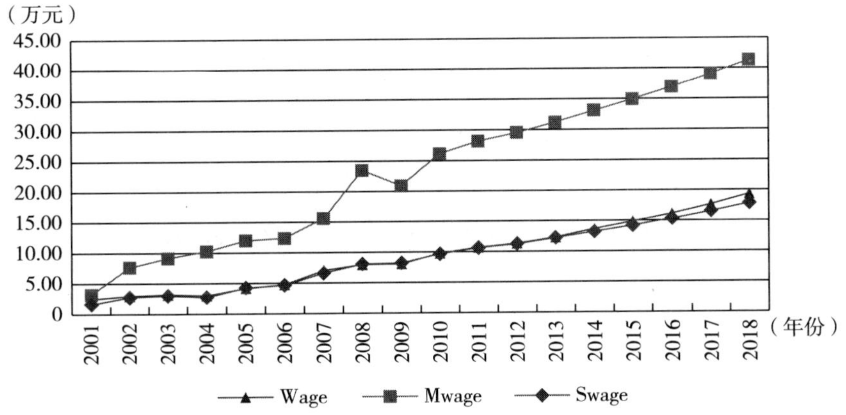

图3-1 2001~2018年中国上市公司人均工资变化趋势

图3-2是关于各群体人均工资增长率的现状描述，2001~2018年，无论是全体员工人均工资增长率，还是高管人均工资增长率，抑或是普通职工人均工资增长率变化趋势呈现出较为一致的态势，且在2010年后呈现较为平稳的下降趋势，这或许跟国家出台的一系列降低高管薪酬的政策相关。

从图3-1和图3-2可以看出，虽然职工人均工资是逐年上涨的，但是工资增长率却是不稳定的，说明工资是在增长的，可是增长的幅度却是较小的。

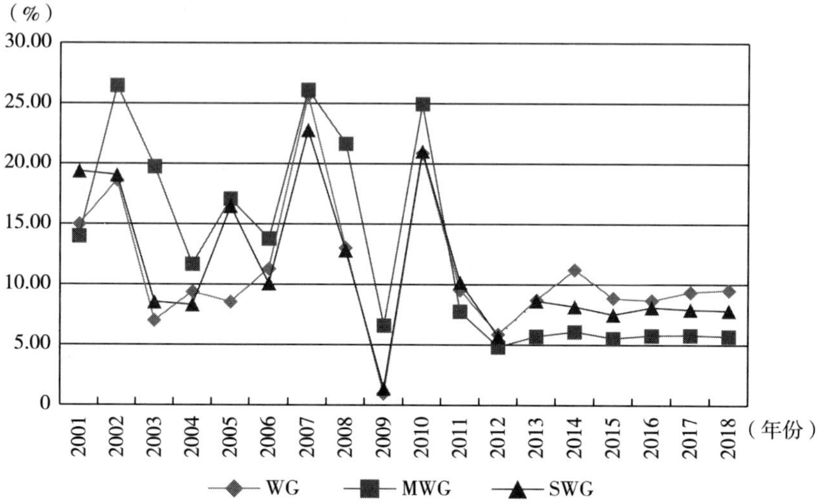

图 3-2　2001~2018 年中国上市公司人均工资增长率变化趋势

三、分行业人均工资增长趋势

工资水平会受到行业的影响，因此，本书也对企业所属的行业进行分类，试图对各个行业职工工资的现状进行描述和分析。

参照《中华人民共和国统计法》《证券期货市场统计管理办法》《国民经济行业分类》等法律法规和相关规定，在对《上市公司行业分类指引》(2001) 进行修改的基础上，中国证监会于 2012 年 11 月 26 日出台了《上市公司行业分类指引》(2012)，并规定自公布之日起施行，并同时废止《上市公司行业分类指引》(2001)。本报告根据中国证监会于 2012 年颁布的《上市公司行业分类指引》(以下简称《指引》)，对已筛选出来的 19980 个研究样本进行行业的划分。需要说明的是，一些行业下所涉及的小类较多（如制造业 C），但出于篇幅的考虑，本书只列示按第一大类分类的行业。行业类别及行业内包含研究样本数的统计结果如表 3－1 所示。

从样本分布可以看出，全样本共涉及 15 个行业，制造业（C），交通运输、仓储和邮政业（G），住宿和餐饮业（H），科学研究和技术服务业（M）是样本数量最多的四个行业。出于篇幅的考虑，本书将按产业性质对上述 15 个行业进行划分，共划分为三个产业，具体划分方法及各产业的样本描述见下文。

参照联合国使用的分类方法，我们也将样本公司按照其所涉及的经营业务，将其划分为三大产业，其中，第一产业包括农业、林业、牧业、副业和渔业，即行业代码为 A 的公司样本；第二产业包括制造业、采掘业、建筑业和公共工程、上下水道、煤气等，即行业代码为 B、C、D 和 E 的公司样本；第三产业包括商业、金融、保险、不动产业、运输、通信业、服务业及其他非物质生产部门，即行业代码为 F、G、H、I、J、K、L 和 M 的公司样本，如表 3－1 所示。下文将从各产业职工人均工资变化及职工人均工资增长率的两个方面进行描述和分析。

表 3－1　行业类别及行业内包含研究样本的统计结果　　单位：%

行业代码	行业名称	行业样本容量	占总样本的比重
A	农、林、牧、副、渔业	446	2.23
B	采矿业	426	2.13
C	制造业	12344	61.78
D	电力、燃气及水的生产和供应业	675	3.38
E	建筑业	370	1.85
F	批发和零售业	793	3.97
G	交通运输、仓储和邮政业	1225	6.13

续表

行业代码	行业名称	行业样本容量	占总样本的比重
H	住宿和餐饮业	1253	6.27
I	信息传输、软件和信息技术服务业	244	1.22
J	金融业	689	3.45
K	房地产业	603	3.02
L	租赁和商务服务业	146	0.73
M	科学研究和技术服务业	773	3.82
N	水利、环境和公共设施管理业	2	0.01
R	文化、体育和娱乐业	2	0.01
样本总数		19980	100

（一）第一产业职工人均工资增长趋势

图3－3和图3－4是对中国上市公司第一产业样本2001～2018年职工人均工资变化趋势和人均工资增长率变化趋势描述。从图3－3可以看出，第一，

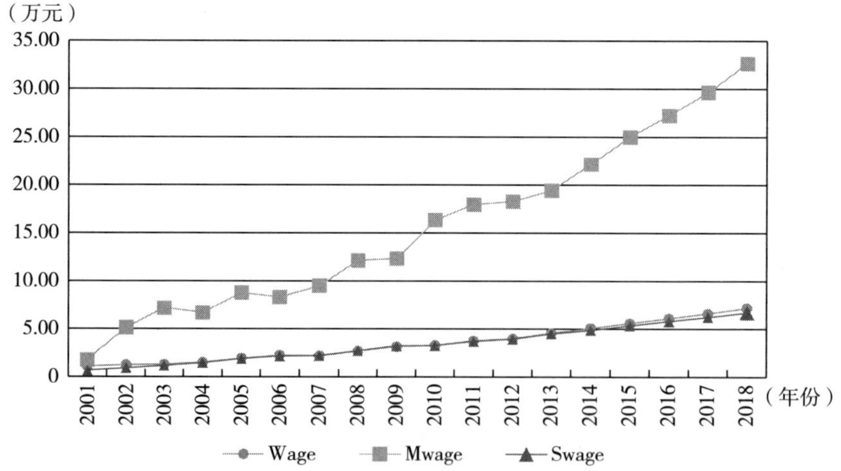

图3－3　2001～2018年中国上市公司第一产业职工人均工资变化趋势

高管人均工资在研究窗口期间处于较为缓慢的上升态势；第二，普通职工人均工资和职工人均工资逐年较为缓慢的递增；第三，将三类职工人均工资进行对比后发现，高管人均工资的增长幅度显著地高于普通职工的增长幅度，且普通职工人均工资与全体职工人均工资几乎是重合的，一方面说明第一产业高管薪酬与普通职工工资的差距很大，尤其在2009年之后；另一方面还说明了普通职工占据了全体职工的绝大部分，即使有高额的高管工资有提升作用，也是微乎其微的。

从图3－4可以看出，第一，2001～2018年，三类群体人均工资增长率在1.68%～35.49%变动，且这两点都来自于高管人均工资；第二，在2010年，高管人均工资增长率出现了较高的上涨，而普通职工人均工资增长率和全体职工人均工资增长率则是下降的，在2012年，高管人均工资增长率低于其他两类工资增长率；第三，各类工资增长率在2010年后是下降的。总体来看，中国上市公司第一产业职工、高管和普通职工人均工资增长率在2001～2018年的变动趋势是较为一致的。

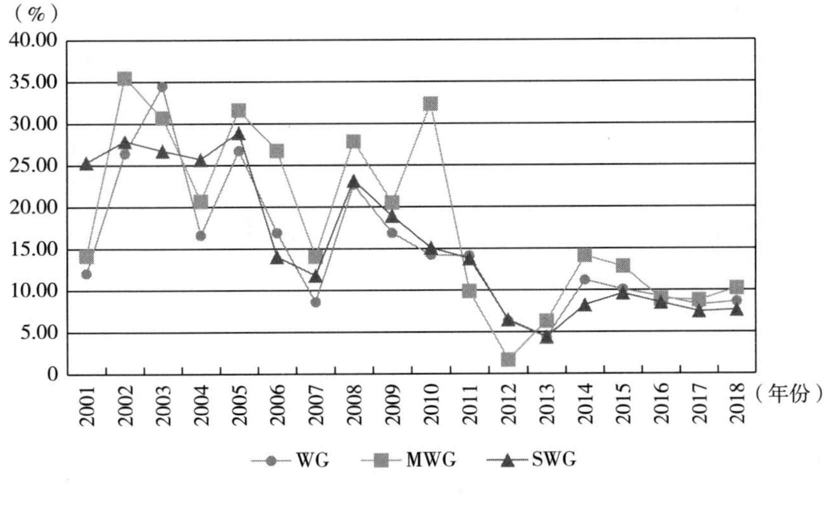

图3－4　2001～2018年中国上市公司第一产业职工人均工资增长率变化趋势

从图 3－3 和图 3－4 可以看出，虽然人均工资是在逐年增长的，但是人均工资增长率却时高时低；虽然高管人均工资的涨幅显著高于普通职工人均工资涨幅，但是两者人均工资的增长率却是较为一致的。

（二）第二产业职工人均工资增长趋势

图 3－5 和图 3－6 对中国上市公司第二产业样本 2001～2018 年职工人均工资变化趋势和人均工资增长率变化趋势描述。从图 3－5 以看出，第一，高管人均工资在研究窗口期间处于稳步上升态势，尤其在 2009 年之后增长较快；第二，普通职工人均工资和职工人均工资逐年缓慢递增；第三，将三类职工人均工资进行对比后发现，高管人均工资的增长幅度显著地高于普通职工的增长幅度，尤其在 2007 年之后，差距更为明显，且普通职工人均工资与全体职工人均工资几乎是重合的。

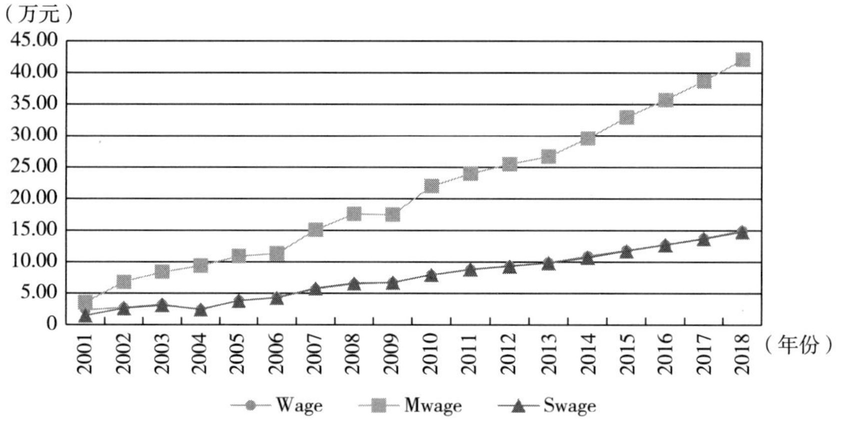

图 3－5　2001～2018 年中国上市公司人均工资变化趋势

从图 3－6 可以看出，2001～2018 年，三类群体人均工资增长率在 1.74%～37.32%变动；且总体上来看，中国上市公司第二产业职工、高管和普通职工人均工资增长率在 2001～2018 年的变动趋势是较为一致的，尤其在 2010 年之后。

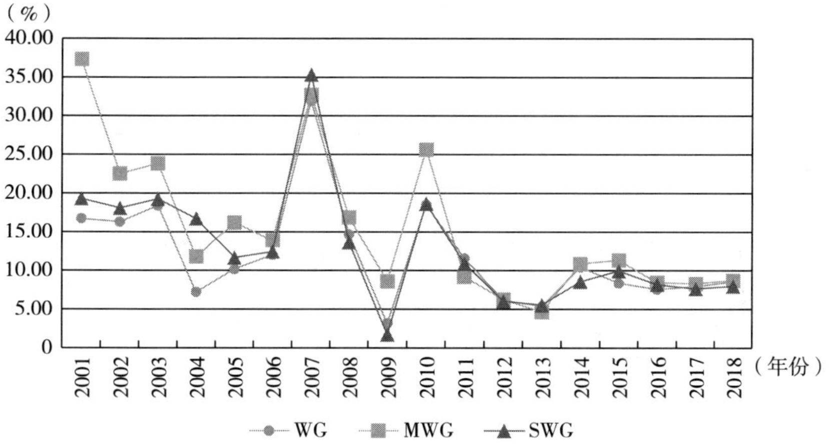

图 3－6　2001～2018 年中国非国有上市公司人均工资增长率变化趋势

从图 3－5 和图 3－6 可以看出，虽然人均工资是在逐年增长的，但是人均工资增长率却时高时低；虽然高管人均工资的涨幅显著高于普通职工人均工资涨幅，但是两者人均工资的增长率却是较为一致的，几乎在各年处于同增同减的趋势。

（三）第三产业职工人均工资增长趋势

图 3－7 和图 3－8 对中国上市公司第三产业样本 2001～2018 年职工人均工资变化趋势和人均工资增长率变化趋势描述。从图 3－7 可以看出，第一，高管人均工资在研究窗口期间处于稳步上升态势，尤其在 2007 年之后增长较快；第二，普通职工人均工资和职工人均工资逐年缓慢递增；第三，将三类职工人均工资进行对比后发现，高管人均工资的增长幅度显著地高于普通职工的

增长幅度，尤其在2007年之后，差距更为明显，2008年是两者工资差距最大的一个年份。与两个产业的现状一直，普通职工人均工资与全体职工人均工资几乎也是重合的。

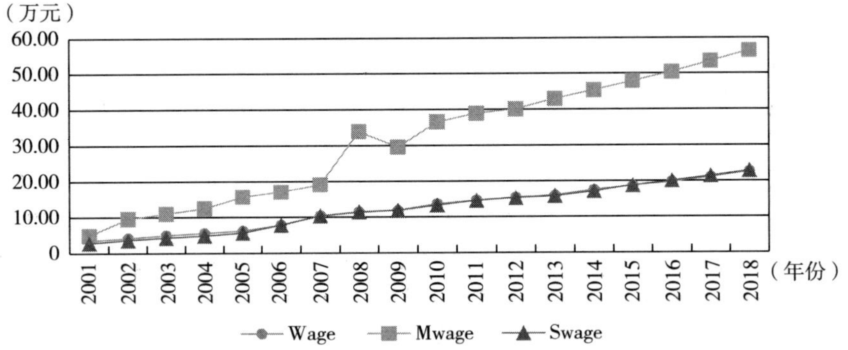

图3－7　2001～2018年中国第三产业上市公司人均工资变化趋势

从图3－8可以看出，第一，2001～2018年，三类群体人均工资增长率在3.04%～40.32%变动；第二，自2004年之后，各类群体的人均工资增长率处于较为一致的变动趋势；第三，各类工资增长率在2010年后是逐年下降的。

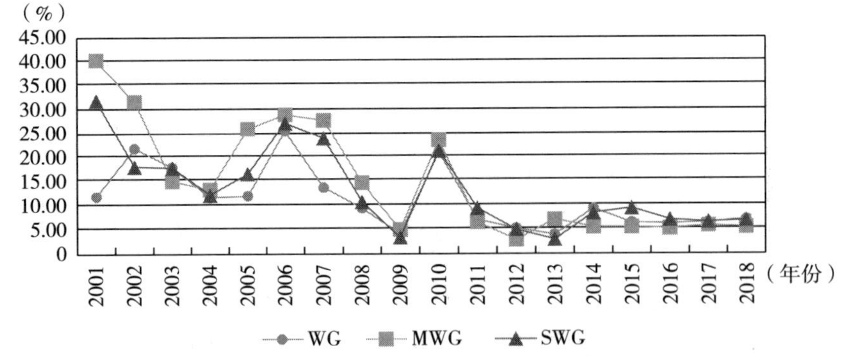

图3－8　2001～2018年中国第三产业上市公司人均工资增长率变化趋势

从图 3 –7 和图 3 –8 可以看出，虽然人均工资是在逐年增长的，但是人均工资增长率却时高时低；虽然高管人均工资的涨幅显著高于普通职工人均工资涨幅，但是两者人均工资的增长率却是较为一致的。

将三大产业进行对比后可以发现，第一，从人均工资增长来看，三大产业中各群体的变动趋势是较为一致的，如高管工资是持续稳步上升，普通职工的工资虽然也在增长，但较为缓慢；第二，从人均工资增长率来看，三大产业中各群体的工资增长率在 2010 年之后呈显著的下降趋势；第三，无论是高管人均工资，还是普通职工人均工资，抑或是全体职工人均工资，第三产业最高，第一产业最低，这可能是因为第三产业中的金融和房产行业拉动了整个产业的水平。

四、分地区人均工资增长趋势

我们则按照经济发展水平和地址位置将中国划分为东部、中部和西部三个地区。将北京、天津、河北、辽宁、上海、江苏、浙江、福建、山东、广东和海南 11 个省份划分为东部地区；将山西、吉林、黑龙江、安徽、江西、河南、湖北和湖南 8 个省份划分为中部地区；将四川、重庆、贵州、云南、西藏、陕西、甘肃、青海、宁夏、新疆、广西和内蒙古 12 个省份划分至西部地区。

（一）东部地区职工人均工资增长趋势

图 3 –9 和图 3 –10 是对中国东部地区上市公司 2001 ~2018 年职工人均工资变化趋势和人均工资增长率变化趋势描述。从图 3 –9 可以看出，第一，高管人均工资在 2001 ~2006 年增长的趋势较为缓慢，在 2006 年之后呈现较为快

速的增长态势；第二，普通职工人均工资和职工人均工资在 2001 ~2004 年的增长较为缓慢，在 2004 年之后增长的相对较快；第三，将三类职工人均工资进行对比后发现，高管人均工资的增长幅度显著地高于普通职工的增长幅度，且普通职工人均工资与全体职工人均工资几乎是重合的，一方面说明第一产业高管薪酬与普通职工工资的差距很大，尤其在 2007 年之后；另一方面还说明了普通职工代表了绝大部分的企业劳动者，高管的人数只有很少的一部分。

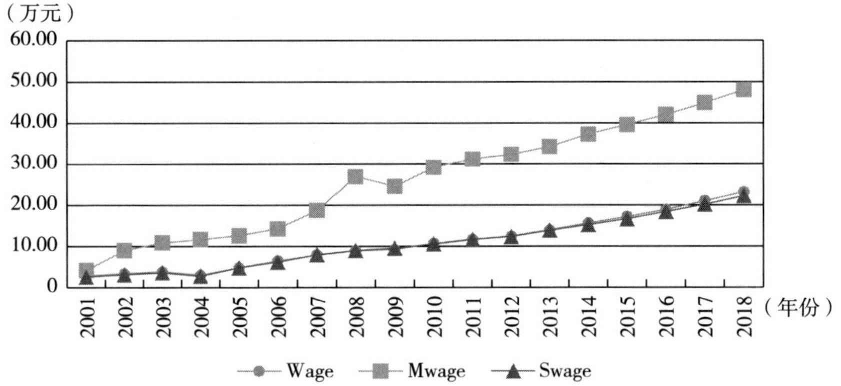

图 3 -9　2001 ~2018 年中国东部地区上市公司人均工资变化趋势

从图 3 -10 可以看出，第一，2001 ~2018 年，三类群体人均工资增长率在 3.03% ~32.99% 变动；第二，各类群体人均工资增长率在 2010 年后是逐年下降的，但 2012 年之后又呈现了上涨了趋势；第三，普通职工人均工资增长率和全体职工人均工资增长率在 2004 ~2006 年以及 2001 ~2018 年超过了高管人均工资增长率。

从图 3 -9 和图 3 -10 可以看出，虽然人均工资是在逐年增长的，但是人均工资增长率却是具有波动性的；虽然高管人均工资的涨幅显著高于普通职工人均工资涨幅，但是两者人均工资的增长率却是较为一致的。此外，三类群体

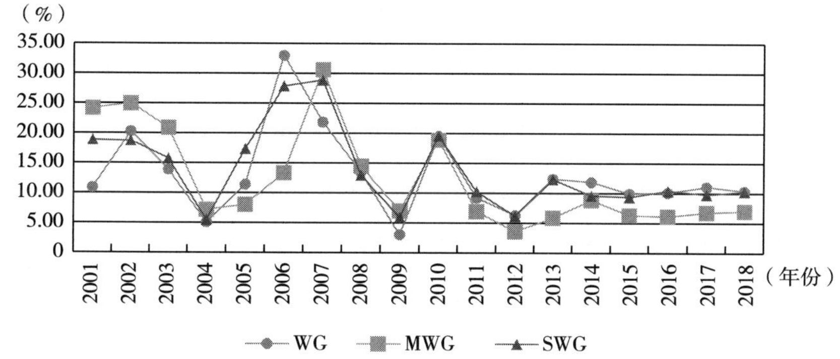

图 3-10　2001～2018 年中国东部地区上市公司人均工资增长率变化趋势

人均工资增长率在 2007 年达到最高点之后，2007 年之后就表现出下降的趋势，即使 2009 年后有所上涨，涨幅也没有超过 20%。

(二) 中部地区职工人均工资增长趋势

图 3-11 和图 3-12 是对中国中部地区上市公司 2001～2018 年职工人均工资变化趋势和人均工资增长率变化趋势描述。从图 3-11 可以看出，第一，高管人均工资在 2001～2006 年增长的趋势较为缓慢，在 2006 年之后呈现较为快

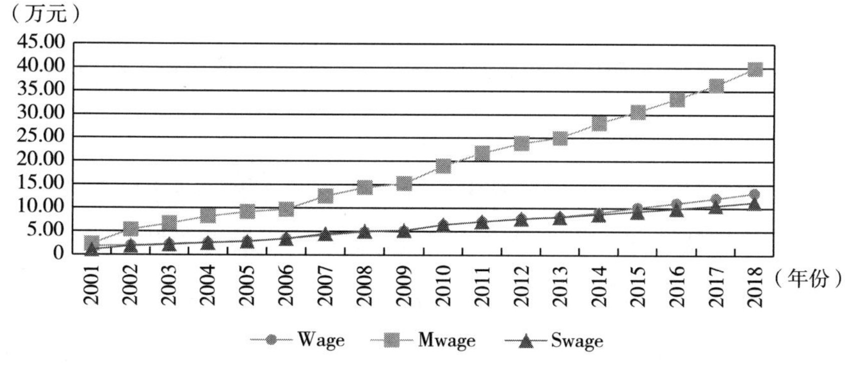

图 3-11　2001～2018 年中国中部地区上市公司人均工资变化趋势

速的增长态势；第二，普通职工人均工资和职工人均工资在 2001 ~2009 年的增长较为缓慢，在 2009 年之后增长得相对较快；第三，将三类职工人均工资进行对比后发现，高管人均工资的增长幅度显著地高于普通职工的增长幅度，且普通职工人均工资与全体职工人均工资几乎是重合的，说明中部地区高管薪酬与普通职工工资的差距很大，尤其在 2006 年之后。

从图 3 -12 可以看出，第一，2001 ~2018 年，三类群体人均工资增长率在 2.39% ~34.12% 变动；第二，各类群体人均工资增长率在 2010 年后是逐年下降的，虽然在 2011 ~2012 年呈现了微小的上涨，但 2012 年之后又呈现上涨的趋势；第三，普通职工人均工资增长率和全体职工人均工资增长率在2001 ~2005 年显著地低于高管人均工资增长率。

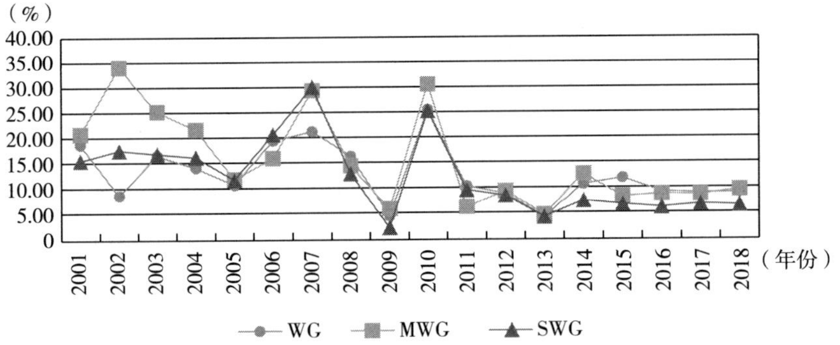

图 3 -12　2001 ~2018 年中国中部地区上市公司人均工资增长率变化趋势

从图 3 -11 和图 3 -12 可以看出，虽然人均工资是在逐年增长的，但是人均工资增长率却是具有波动性的；虽然高管人均工资的涨幅显著高于普通职工人均工资涨幅，但是两者人均工资的增长率却是较为一致的。此外，三类群体人均工资增长率在 2007 年达到最高点之后，2007 年之后就表现出下降的趋势，即使 2009 年后有所上涨，涨幅也没有超过 10%。

（三）西部地区职工人均工资增长趋势

图3－13和图3－14是对中国西部地区上市公司2001～2018年职工人均工资变化趋势和人均工资增长率变化趋势描述。从图3－13可以看出，第一，高管人均工资在2001～2006年增长的趋势较为缓慢，在2006年之后呈现较为快速的增长态势；第二，普通职工人均工资和职工人均工资在2001～2004年的增长较为缓慢，在2006年之后增长得相对较快；第三，将三类职工人均工资进行对比后发现，高管人均工资的增长幅度显著地高于普通职工的增长幅度，且普通职工人均工资与全体职工人均工资几乎是重合的，在西部地区，高管薪酬与普通职工工资的差距依然很大，尤其在2007年之后，这一现象与东部地区相似。

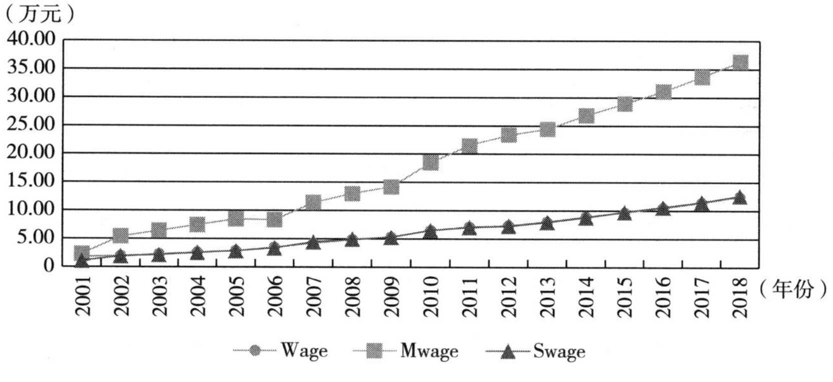

图3－13　2001～2018年中国西部地区上市公司人均工资变化趋势

从图3－14可以看出，第一，2001～2018年，三类群体人均工资增长率在3.41%～36.71%变动；第二，各类群体人均工资增长率在2010年后是逐年下降的，但普通职工和全体职工人均工资增长率在2012年之后又呈现了上涨了趋势，2012 ~2013 年从 3.41% 增涨至 9.78%；第三，高管人均工资增长率在 2001 ~2018 年的大部分年份（除去 2006 年和 2013 年）均显著地超过普通职工人均工资增长率和全体职工人均工资增长率。

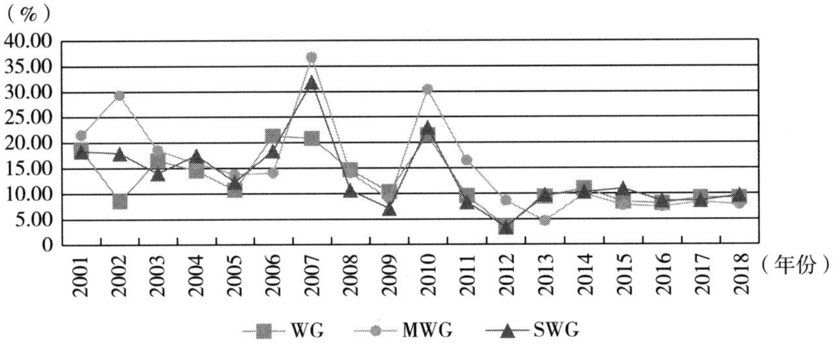

图 3 – 14　2001 ~2018 年中国西部地区上市公司人均工资增长率变化趋势

从图 3 – 13 和图 3 – 14 可以看出，虽然人均工资是在逐年增长的，但是人均工资增长率却是具有波动性的；虽然高管人均工资增长率和普通职工人均工资增长率是较为一致的，但高管人均工资的涨幅显著高于普通职工人均工资涨幅。此外，三类群体人均工资增长率在 2007 年达到最高点之后，2007 年之后就表现出下降的趋势，即使 2009 年后有所上涨，涨幅也没有超过 20%。

将东部、中部和西部地区对比后可以发现，第一，从人均工资增长来看，三个地区各群体的变动趋势是较为一致的，如高管工资在 2006 年之后增长的幅度较大，普通职工的人均工资在整个区间的增长较为平缓；第二，从人均工资增长率来看，三大产业中各群体的工资增长率在 2007 年达到峰值，此后，便呈现出显著的下降趋势；第三，在整个研究窗口，无论是高管人均工资，还是普通职工人均工资，抑或是全体职工人均工资，东部地区最高，西部地区最低，这可能是因为三个地区的经济发展水平不同，从划分区域可以看出，北京、上海、广州等经济发达省份都在东部地区，而西藏、宁夏、青海等欠发达省份都在西部地区，进而造成东部地区的人均工资较高，而西部地区的人均工资较低。

五、分企业性质人均工资增长趋势

从所有者角度来看，企业可分国有企业和非国有企业。国有企业在国际惯例中仅指一个国家的中央政府或联邦政府投资或参与控制的企业。在中国，国有企业还包括由地方政府投资参与控制的企业。非国有企业包括私企、外企、合资三种企业。因此，本书也作为划分方法，按产权性质对上市公司样本进行划分。

（一）国有企业职工人均工资增长趋势

图 3－15 和图 3－16 是对中国国有上市公司 2001～2018 年职工人均工资变化趋势和人均工资增长率变化趋势描述。从图 3－15 可以看出，第一，高管人均工资在 2001～2007 年增长的趋势较为缓慢且平稳，在 2007～2008 年之后呈现较大幅度的增长（从 13.32 万元上涨至 29.65 万元），2008～2009 年又出现较大幅度的下降（自 29.65 万元下降至 20.97 万元），自此之后，呈现较为平稳的增长态势；第二，普通职工人均工资和职工人均工资在整个研究窗口期间都显得较为稳定，除 2010 年之后，各年都较前一年有较为稳定的增长；第三，将三类职工人均工资进行对比后发现，高管人均工资的增长幅度显著地高于普通职工的增长幅度，且普通职工人均工资与全体职工人均工资几乎是重合的，一方面说明第一产业高管薪酬与普通职工工资的差距很大，尤其在 2007 年之后；另一方面还说明了普通职工代表着绝大多数的企业职工。

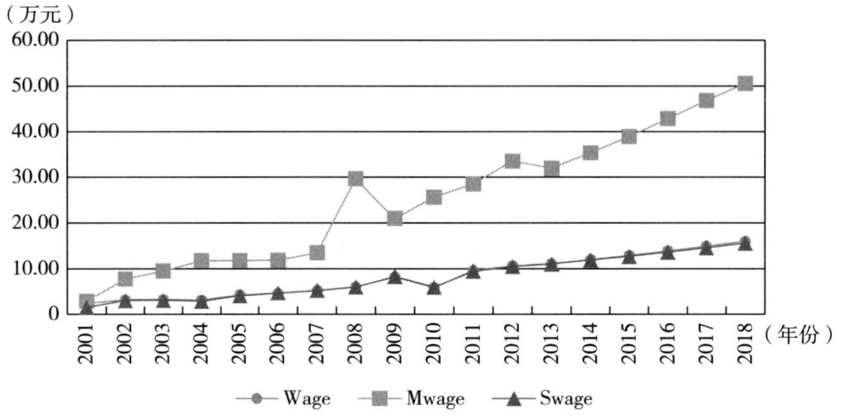

图 3－15　2001～2018 年中国国有上市公司人均工资变化趋势

从图 3－16 可以看出，第一，2001～2018 年，三类群体人均工资增长率在 2.34%～36.61% 变动；第二，各类群体人均工资增长率在 2010 年后是逐年下降的，但 2012 年之后又呈现了上涨了趋势；第三，无论增长率如何变化，2001～2011 年，高管人均工资增长率都显著地高于普通职工人均工资增长率和全体职工人均工资增长率，在 2012 年之后，则反之。

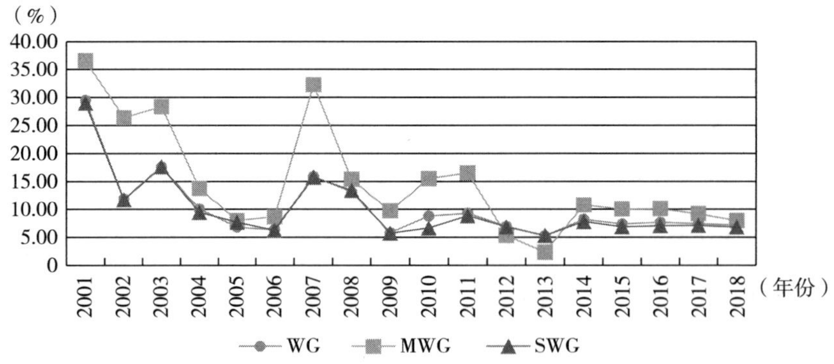

图 3－16　2001～2018 年中国国有上市公司人均工资增长率变化趋势

从图 3－15 和图 3－16 可以看出，虽然人均工资是在逐年增长的，但是人均工资增长率却是具有波动性的；虽然高管人均工资的涨幅显著高于普通职工人均工资涨幅，但是两者人均工资的增长率变化趋势却是较为一致的。此外，三类群体人均工资增长率在 2001 年和 2007 年出现了较高的增幅后，其他年份增长幅度则较小。

（二）非国有企业职工人均工资增长趋势

图 3－17 和图 3－18 是对中国非国有上市公司 2001～2018 年职工人均工资变化趋势和人均工资增长率变化趋势描述。从图 3－17 可以看出，第一，高管人均工资在 2001～2007 年增长的趋势较为缓慢和平稳，在 2007 年之后呈现较为快速的增长态势；第二，普通职工人均工资和全体职工人均工资也同样在 2001～2007 年的增长较为缓慢，在 2007 年之后增长得相对较快；第三，将三类职工人均工资进行对比后发现，高管人均工资显著地高于全体职工工资的增长幅度，而全体职工人均工资稍高于普通职工人均工资。

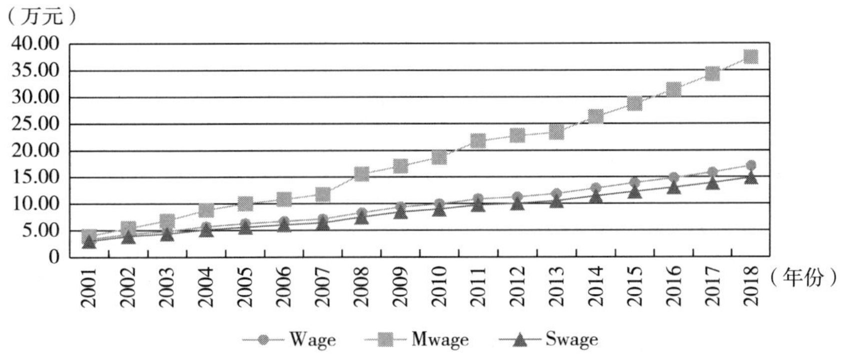

图 3－17　2001～2018 年中国非国有上市公司人均工资变化趋势

从图 3－18 可以看出，第一，2001～2018 年，三类群体人均工资增长率在 2.70%～40.99%变动；第二，各类群体人均工资增长率在 2001 年后是逐年下降的，但在 2008 年又呈现上涨趋势；第三，无论增长率如何变化，除 2009 年和 2013 年外的其他年份，高管人均工资增长率都显著地高于普通职工人均工资增长率和全体职工人均工资增长率。

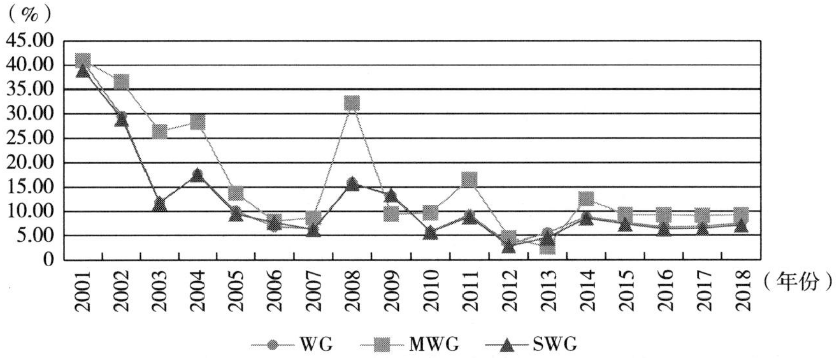

图 3－18　2001～2018 年中国非国有上市公司人均工资增长率变化趋势

从图 3－17 和图 3－18 可以看出，虽然人均工资是在逐年增长的，但是人均工资增长率却是具有波动性的；虽然高管人均工资的涨幅显著高于普通职工人均工资涨幅，但是两者人均工资的增长率却是较为一致的。

将两类不同产权性质的职工人均工资进行对比后可以发现，第一，就人均工资增长来看各群体的变动趋势是较为一致的，如高管工资是持续稳步上升，并在 2007 年之后增加的幅度较大，而普通职工的工资虽然也在增长，但在整个研究窗口期间，增长得较为缓慢；第二，从人均工资增长率来看，两种产权性质的公司中各群体的工资增长率虽然在 2006～2009 年有稍许波动，但总体上呈下降趋势；第三，就高管人均工资而言，国有企业显著地高于非国有企业，而国有企业的普通职工人均工资和全体职工人均工资只是略高于非国有企业。

六、本章小结

本章分别从全样本、行业、地区和企业所有权角度对上市公司高管人均工资、普通职工人均工资以及全体员工人均工资及人均工资增长率进行了描述。总的来说，本章主要发现在于：

第一，无论从哪个方面进行考察，在整个研究窗口期间，高管人均工资在2001～2007年呈现出缓慢的增长态势，而2007年之后呈现出相对快速增长的态势；普通职工人均工资增长得较为缓慢且平稳；高管和普通职工人均工资的差距在2007年呈现出一种稳步扩大的态势。

第二，从行业划分来看，无论是高管人均工资，还是普通职工人均工资，抑或是全体职工人均工资，第三产业最高，第一产业最低；从地区划分来看，东部地区的人均工资最高，西部地区最低；从企业产权划分来看，国有企业的人均工资高于非国有企业人均工资。

第三，就人均工资增长率而言，高管人均工资增长率和普通职工人均工资增长率的变化趋势是较为一致的，总体而言，在2010年之后，呈现出下降的趋势。此外，无论增长率是上升还是下降，高管人员的工资增长率都是高于或者低于普通职工的工资增长率。这也意味着，当普通职工人均工资增长率上涨时，高管人员的工资增长率不仅也是增长的，还会高于普通职工人均工资增长率；反之，则低于普通职工人均工资增长率。

第四，普通职工工资普遍低于高管工资，各行业、各地区之间的工资差异而言，会引发一些问题，如支付低工资的企业就不能吸引到高技能、高素质同时也是高薪水的专业技术人才和管理人才，因此，该种类型的企业很可能在人才竞争中处于劣势，且产业升级和自主研发活动，很可能就缺乏人才支撑。

通过本章的研究结论，我们可以发现，不同行业、不同地区、不同产权性质以及不同层次职工间的工资水平及工资增长是存在差距的。那么，就本书重点关注的企业职工工资增长来说，这种现象是何种原因造成的？因此，这就需要我们进一步进行企业职工工资增长进行分析和讨论，它的增长趋势是由什么机制所决定的？即哪些因素可以对职工工资增长水平产生影响？下文将进行具有的阐述和分析。

第四章　工资增长与企业利润增长的协同效应检验

近年来，居民劳动报酬在初次分配中的比重存在较为明显的下滑趋势，而居民劳动报酬在初次分配中的比重下降不仅会抑制居民消费，导致居民消费不足，还会进一步拉大普通劳动者与资本所有者之间收入差距，缺乏公平性、恶化收入不平等状况，这无疑对宏观经济结构的调整以及中国经济发展方式的转型起到了阻碍作用。为此，“十二五”规划及党的十八大报告明确指出，要建立广大职工工资的正常增长机制，努力实现劳动报酬增长和劳动生产率提高同步，提高劳动报酬在初次分配中的比重。党的十九大报告指出，要坚持按劳分配原则，完善按要素分配的体制机制，促进收入分配更合理、更有序。鼓励人们勤劳守法致富，扩大中等收入群体，增加低收入者收入，调节过高收入，取缔非法收入。对于企业来说，工资属于成本的范畴，提高职工的工资收入会降低企业的利润，因此，企业提高职工工资就必须以提高利润为前提，只有在利润增长或者对未来利润有良好预期的情况下，企业才有为职工增加工资的空间和动力。

一、问题的提出

目前，我国收入分配领域问题突出，不仅表现为以同工不同酬、灰色收入泛滥、拖欠工资等为典型代表的收入分配秩序混乱，还表现为以收入差距扩大、收入增长缓慢而不平衡以及居民收入和劳动报酬占比重降低为主要表现形式的收入分配关系的不合理。赵红梅等（2016）对中国居民报酬与企业收入占初次收入分配比例于1992～2014年的变化进行了总结，一方面，从以工资为主的中国居民报酬占初次收入分配的比重来看，1992年为60.5%，在上升至1996年的66.1%后又逐年下降至2014年的44%，呈现出先上升后下降的趋势。另一方面，企业收入占初次收入分配的比重由1992年的17.8%逐步上升至2014年的25.4%，总体呈现出较为平稳的上涨态势。居民工资占比降低而企业收入占比升高这一数据不仅从侧面说明了，虽然居民报酬与企业收入占初次收入分配的比重在样本窗口期间都有所上涨，居民的劳动收入逐年提升，但是，相较于企业利润（工资）的增长幅度，居民报酬（工资）增长的速度却相差较大。也就是说，劳动报酬所得与资本所得之间存在着较为严重的不对等。也正因如此，拥有劳动的普通劳动者与拥有资本的资本家的收入差距在不断拉大，而这也是导致贫富差距扩大的又一直接原因。对于收入分配领域，进一步来看，其更为突出的问题在于资源分配存在错配以及居民消费的抑制，而这一系列的最终结果将不利于宏观经济结构的调整和经济发展方式的转变。

在市场经济运行过程中，企业的压力主要来自两个方面：一方面是职工工资上涨，表现为企业用工成本增加带来的压力；另一方面是外部需求不足，表现为外部竞争激烈导致企业经济效益下滑的压力。在成本上涨和利润下滑的双重压力下，企业是否有动力给职工增长工资？企业职工工资是否还有上涨的空间？企业应该如何增加职工的工资？职工工资增加后对企业利润产生怎样的影响？从企业内部来看，职工工资与利润水平息息相关，经济学家很早以前就开始关注工资与利润之间的关系，虽然已取得了较为丰硕的成果，但学者并未得出一致的研究结论，形成了两种主流的观点。一是以古典学派亚当·斯密、大卫·李嘉图等经济学家为代表提出的企业利润与工人工资是完全对立、此消彼长的关系。二是以现代经济学派 Shapiro 和 Stiglitz（1984），Weitzman（1984）等经济学家为代表提出的企业利润与职工工资存在相互促进、同向增长的关系。其中，Shapiro 和 Stiglitz（1984）提出的效率工资理论认为，企业为了促使职工努力工作，为职工支付比市场保留工资更高的工资，以激励其努力工作，为企业创造更大的价值，即职工创造的价值与其获得的报酬呈正向关系。工资具有激励作用这一观点得到了国内外众多学者的证实，Adam Smith（1776）、Marshall（1890）、Koontz 和 Weihrich（1998）、Shapio 和 Stiglitz（1984）、Lenoard（1987）和 Holzer（1990）等经济学家均认为高工资对企业绩效有正面影响。Weitzman（1984）提出的利润分享理论指出，职工的工资应与企业效益指标挂钩，这是因为利润分红是职工工资的重要组成部分，职工工资包含对企业利润的分享，进而认为职工工资会随企业利润水平呈同比例增减。Fernie 和 Metcalf（1995，1999）将企业利润作为因变量，检验了其对职工工资的影响，发现企业利润的提升对职工工资具有促进作用。周云波等（2014）、赵红梅等（2016）的研究进一步证实了企业利润与职工工资之间存在相互促进的作用，即企业利润的增加能正向增加工人工资，职工工资的上涨又能提高企业的利润，但是，企业所处的地区不同、行业不同，企业利润与职工工资间相互作用的强弱会存在不同，不仅如此，企业的所有制和职工职业也是影响这一关系的因素。

学术界对利润与工资关系的探讨对收入分配制度的改革有重要的指导意

义。那么，如何将理论与实践相结合，如何根据已有的利润工资理论设计一个合理的社会收入分配机制，是经济发展的一大课题。一般而言，企业职工工资由市场保留工资与效率工资两部分构成。依据效率工资理论的主要观点，保留工资并不能对职工提供有效的激励，在只有保留工资的前提下，职工会选择最低努力程度的工作方式。若要激励职工努力工作，则需在保留工资水平的基础之上加上效率。这也就说明了当工资在职工预期水平之下时，职工就会出现怠工的状态，缺乏工作的积极性。长此以往，将对企业利润产生不利的负面影响。这也就意味着只有当职工工资增加到预期水平（等于或高于市场同行业平均水平）时，企业利润才有进一步提升的空间。此外，劳动供给曲线理论认为，当工资增长率处于一定值（预期水平）以下时，为提升工资水平或者工资增长率，职工可能会放弃闲暇时间，增加其劳动时间的供给。这是因为从职工的角度来看，他们认为相对于努力工作，休闲的机会成本较低，因而职工努力工作有助于其工资水平的提升。然而，当职工努力工作使工资增长率达到一定值以上时，此时职工闲暇的机会成本会不断提高，职工可能会更加珍视闲暇时间，进而降低工作的努力程度。考虑到各公司人事架构不同和部门分工不同，将导致该变量取值出现各种偏差，可能会影响研究结果的可信度。因此，本章拟在门限的视角下通过微观数据对企业利润增长与工资增长之间的关系进行探究。

二、理论分析与文献回顾

利润最大化是企业经营的最终目标，企业的所有经营活动在此目标下开展。工资作为企业的成本之一，作为企业利润的抵减项，职工工资的提高必然会降低企业的利润。然而，根据传统经济学关于工资的讨论，市场需求才是企业利润最大化目标实现的必要前提，与职工的工资水平无关。传统经济学认为，职工工资对于企业来说是一项固定成本，不会随着工人劳动时间和劳动生产率的改变而变化，进而产品的价格也不会发生变动。那么，当外部需求较高，企业的利润必然有所提高，但是，职工的工资却依然保持不变。即传统经济学人认为，企业利润的提高并不会对职工工资产生正向或负向影响。此外，在完全竞争的劳动力市场中，劳动力的边际产出即为均衡工资，即相同技能的劳动者获得的报酬是相等的。但是，如果劳动者的人力资本水平得到了提升，工作环境、工作职位等发生了变化，劳动者之间就存在工资差距。然而，工资实际上是员工创造产品市场租金的一部分（Konings 和 Walsh，1994），因此，国内外更多的研究证实了企业利润增长与职工工资增长可能存在相互促进的相关关系。因此，下文将分别从企业利润增长对职工工资增长的影响以及职工工资增长对企业利润增长的影响这两个方面进行阐述。

（一）基于利润分享理论的分析——企业利润增长对职工工资增长的正向影响

基于传统工资理论，Weitzman（1984）提出了利润分享理论，将职工工资与企业利润相挂钩，即认为职工工资中应包括利润分享的部分。即将工人的工资与企业的利润相联系，工人以劳动时间或劳动生产率为标准按比例分享利润，那么职工的一部分工资将随着企业利润的增加而上升，随着企业利润的下降而下降。而 Weitzman（1984）提出的利润分享理论，实质上是指利润不再由资本家独享，劳动者也将共享企业的利润，职工工资由企业效益决定，职工工资将随着企业利润的增长而上涨。

国外学者最先在利润分享理论的指导下展开了大量较为丰富的关于职工工资增长是否受到企业利润增长影响的研究。Nickell 和 Wadhwani（1990）以英国企业为研究对象，企业利润增长对职工工资增长的正向影响作用已得到实证检验的支持。Hildreth 和 Oswald（1997）的实证研究结论不仅同样证实了利润增长对工资水平存在显著的正向影响，还发现相较于底端的公司，顶端公司利润对工资水平的影响程度高约 16 个百分点，即顶端公司利润更能体现利润分享理论。Christofides 和 Oswald（1992）以及 Blanchflower（1996）在借鉴 Hildreth 和 Oswald（1997）研究的基础上分别对加拿大和美国的企业数据进行研究，他们均证实了企业利润对员工工资存在正向的促进作用。

国内学者李实（2004）对中国职工工资如何受企业利润影响进行研究发现，企业盈利水平正向影响职工工资水平，但职工工资水平在不同盈利水平的企业中存在较大差异，这是因为企业的利润水平是决定职工能否分享利润的重要因素。当企业的利润较高时，管理层向职工分配的利润也较多；反之，当企业实现的利润较低，甚至亏损时，职工则无法获得超额工资。由此可知，企业利润水平是解释中国企业间员工工资差距的重要因素。但是，在外部其他因素的干扰下，企业利润水平对职工工资的影响则变得更为复杂。崔友平（2010）基于企业的垄断性质作为研究视角，研究了企业利润对职工工资的影响是否将因企业的垄断性质而发生变化，研究发现，相较于非垄断企业，当企业有较高的利润水平时，垄断企业更倾向于向其职工发放高工资。也就是说，具有垄断地位的国有企业在决定职工工资时，职工工资中利润分享的比重则更大（叶林祥等，2011）。研究还发现，企业所处的行业、职工的类别也同样是影响企业利润水平对职工工资影响的重要因素。

（二）基于利润挤占工资的分析——企业利润增长对职工工资增长的负向影响

利润侵占工资分析认为，企业为了获得较高的利润率，实现某些既定目标，可能存在挤占企业职工工资收入的现象。也就是说，企业的获利有可能是通过压低企业职工的工资收入来实现的，职工并不能同资本所有者共同分享企业的利润，工资和利润之间并不存在一种和谐的共生关系。刘书云和王振宏（2008）指出，随着经济不断发展和企业效益逐步提高，我国职工收入逐年增长，但增长幅度与企业效益及社会经济发展速度不相适应，企业收入分配日益向资本所有者倾斜，“利润挤占工资”现象严重。张杰和黄泰岩（2010）从中国企业微观层面的数据对企业利润是否挤占职工工资进行了实证检验，研究发现，企业的利润率与职工工资水平呈负相关关系，即企业的利润率越高，支付给其职工的工资水平却越低，林芳（2018）的研究也证实了这一观点，企业利润率和人均工资之间呈现出一种显著且稳定的负向关系，但是相较于高管薪酬，利润对于普通职工工资的侵占更为显著和强烈。

（三）基于效率工资理论的分析——职工工资增长对企业利润增长的正向影响

Lazear（2000）指出，由于劳动力市场存在严重的信息不对称，即使企业与劳动者签订了完美的雇用契约，也无法监督劳动者努力工作，以实现劳动者边际成本与边际收益的相等，这也就意味着劳动力市场无法完全出清。当劳动力市场无法得到出清时，效率理论认为，劳动力市场一般会表现为以下三种情况：一是企业存在逆向选择的成本。企业在招聘时需要付出一定的搜寻成本，否则可能出现逆向选择（Salop，1979；Malcolmson，1981）。这是因为，在劳动力市场存在信息不对称的前提下，相对于雇用单位，劳动者工作能力、技能以及是否诚信等信息只掌握在劳动者本人手中，为了防止逆向选择的发生，企业在招聘劳动者时就必须要付出大量的搜寻成本。在很多情况下，劳动技能较高的职工会要求高工资，因而保留工资是职工实现“自我选择”的一种重要途径。因此，为了降低逆向选择成本，一些“聪明”的企业会雇用那些提出高保留工资的职工。二是企业职工存在道德风险。同外部劳动力市场一样，企业内容也存在信息不对称，企业对其员工的监督机制或多或少存在缺陷，导致已雇用的职工可能出现不努力工作、怠工、偷懒的动机，即企业雇用员工时面临着道德风险。当企业选择以市场出清的价格在劳动市场雇用劳动者时，对于劳动者而言，他们偷懒的机会成本为0。也就是说，即使他们因不努力工作而被辞退也很快可以在劳动市场上找到工作，或者是他们可以获得与努力劳动者一样的工资，此时，很多劳动者都会选择不努力工作。因此，Shapiro 和 Stiglitz（1984）认为，当劳动力市场提高了劳动者失业的机会成本，或者若干家企业提高了职工的工资，此时努力工作的劳动者将受到更多企业的青睐，而企业的绩效也将因此而得到明显改善（Alexopoulos，2003，2006）。三是职工的自愿离职将给企业带来损失。企业每年都会对其职工进行各种培训，而这些培训费用对于企业来说是沉没成本，当经历过各种培训的职工离职后，将直接损害公司的利益。Salop（1979）将企业的用工成本分为直接成本和间接成本，其中，直接成本是指与招聘、培训相关的沉没成本，间接成本一般是处于调整期和适应期的新职工而导致生产率的下降而给企业造成的损失。为了弥补企业的直接成本和间接成本，如何留住职工是最为重要的因素，而研究发现，有计划地提升职工工资是一种较为有效的途径。

Cappelli 和 Chauvin（1991）、Konings 和 Walsh（1994）、Huang 等（1998）、Alexopoulos（2003，2006）、Kumbhakar 和 Lovell（2000）等国外学者在效率工资理论的指导下，实证检验了当企业支付高于市场出清水平的效率工资时，对企业效率的提高具有显著的促进作用。林青松和李实（1996）、杨瑞龙等（1998）及陈冬华等（2010）分别以中国国有企业和非国有企业为研究样本，探析企业职工工资与企业绩效之间的关系是否因企业的所有权性质而存在差异，研究证明，企业的所有权性质并不影响职工工资水平对企业利润的正向影响，在国有企业中，职工的奖金水平比基本工资的作用更为强烈。

综上所述，企业职工工资增长与利润增长之间可能是一种相互促进、互为因果的关系，即“协同效应”。主要表现为：一方面，企业愿意给其职工支付高工资以降低职工的离职率以及监督职工是否努力工作的成本，进而使企业保持长期稳定的发展。另一方面，效益越好、利润越高的企业越有动力给其职工支付高工资，以保证企业职工队伍的稳定，这主要考虑到职工工资是劳动力市场的组成部分。企业职工工资增长与利润增长之间可能还存在利润挤占工资的效应，即职工工资增长的速度低于企业利润增长的幅度，企业利润的增长是以牺牲职工工资增长为代价的。但是，考虑到样本公司组成形式的差异性，研究结果的可信度可能因工资取值而受到影响。因此，本书在企业特征这一关键变量的基础上引入门限模型，而门限模型的优势就是将不同的数据归入不同的门限，将利润、工资数据本身的动态特征对企业进行分类，以进一步检验企业利润增长和职工工资增长的动态关系，这也是门限模型的优势所示。

三、研究设计

（一）模型设计

依据利润分享理论，利润增长对工资增长的影响可以由以下计量模型来表示：

$$WG_{it} = \alpha_0 + \beta_1 prof_{it} + \alpha_1 edu_{it} + \varepsilon_{it} \tag{4-1}$$

其中，WG_{it}代表企业 i 在 t 时期职工平均工资的增长率，$prof_{it}$代表企业 i 在 t 时期人均利润的增长率。教育是影响工资水平的重要因素，模型（4-1）包含了教育水平的变量，edu_{it}代表企业 i 在时期 t 时具有大专或以上学历就业人员的比重；edu_{it}取值为 0 ~ 1，该值越大代表企业员工平均受教育水平越高；反之，则说明企业员工平均受教育的水平越低。

参考 Wadhwani 和 Wall（1991）的研究成果，以标准的 Cobb – Douglas（柯布—道格拉斯）生产函数：

$$Y = K^{\alpha} L^{\beta} \tag{4-2}$$

其中，Y 为企业利润，K 为企业的资本存量，L 为企业的劳动力投入。将职工的努力程度 e（·）纳入 Cobb – Douglas（柯布—道格拉斯）生产函数中，从而得到以下公式：

$$Y = K^{\alpha} [e(\cdot) L]^{\beta} \tag{4-3}$$

其中，$e(\cdot) = -a + b[W(\cdot)]^{\gamma}$。为了避免出现工资为 0 时员工仍在努力工作的情况，此处努力程度函数中采用了负的截距项。假设成本为 0，式（4 – 3）两侧取对数并整理后，即可得到职工工资对企业利润的影响的计量模型：

$$Prof_{it} = \alpha_0 + \beta_1 WG_{it} + \alpha_1 lnscale_{it} + \alpha_2 lnemp_{it} + \varepsilon_{it} \tag{4-4}$$

其中，$lnscale_{it}$表示 i 企业在 t 时期资本存量的对数值，$lnemp_{it}$表示 i 企业在 t 时期时职工人数的对数值。由于 $scale_{it}$和 emp_{it}的原始数值相对较大，而 WG_{it}与 $Prof_{it}$的数值较小，故对除 WG_{it}与 $Prof_{it}$之外的其他变量取对数后进行估计。模型（4 – 4）表明，企业利润增长率与职工工资增长率、企业资本存量以及职工人数有关。

（二）门限模型的估计

效率工资会促进员工努力工作，但是当工资增长达到一定水平以上时，职工更加愿意享受闲暇时光，效率工资将不再激励员工努力工作；同时，由于企业支付工资的成本上升，企业利润可能出现增长放缓甚至下降，随之对工资增长产生反向影响。这说明，效率工资带来的高工资增长率可能具有一定的门限值，但是工资增长率对利润增长率的影响可能存在不止一个门限值。参照赵红梅等（2016）的研究方法，本章也将引入门限模型，并非简单利用企业特征来进行区分研究，而是充分地利用了数据中包含的信息，通过将数据归入不同门限的方式，以利润、工资数据本身的动态特征对企业进行分类。

模型（4－1）与模型（4－4）不仅包括前文提及的职工工资增长率与企业利润增长率之间的关系，也包括对两者关系产生的影响一些相关因素。若要验证企业利润增长与职工工资增长之间可能存在的门限特征，需要在原有工资模型（4－1）和利润模型（4－4）的基础之上建立门限模型和设置门限变量，其中，每一个模型中均考虑两种形式的门限变量。一种情况假设门限值存在于解释变量的利润增长（工资增长）中，另一种情况假设门限值存在于被解释变量的工资增长（利润增长）中，代表除工资增长（利润增长）之外的其他因素造成的利润增长和工资增长关系中的门限效应。之所以要考虑不同形式的门限变量，以工资模型（4－1）为例，其目的是为了能够分清楚利润增长对工资增长影响的门限效应是来自于企业层面的利润增长，还是来自于职工层面的工资增长，抑或是其他因素，以有利于决策者在制定政策时更具有针对性。需要说明的是，下文关于门限模型的论述是以被解释变量 y_{it} 存在门限值为背景的，如果门限值存在于解释变量 x_{it} 中，将以下方程中的条件换为特定的 x_{it} 即可。

假设 k 为方程中门限值的个数，一般的门限模型可以由以下方程组表示：

$$\begin{cases} y_{it} = \alpha_0 + \beta_1 x_{it} + \varepsilon_{it} & (\tau_0 \leqslant y_{it} < \tau_1) \\ y_{it} = \alpha_0 + \beta_2 x_{it} + \varepsilon_{it} & (\tau_0 \leqslant y_{it} < \tau_2) \\ y_{it} = \alpha_0 + \beta_3 x_{it} + \varepsilon_{it} & (\tau_0 \leqslant y_{it} < \tau_3) \\ \quad \cdots\cdots & \\ y_{it} = \alpha_0 + \beta_{k+1} x_{it} + \varepsilon_{it} & (\tau_0 \leqslant y_{it} < \tau_{k+1}) \end{cases} \tag{4-5}$$

在门限方程（4－5）中，τ_1 至 τ_{k+1} 表示 k 个门限取值，$\tau_0 = \min(y_{it})$，$\tau_{k+1} = \max(y_{it})$。如果将模型（4－5）的门限检验与工资模型（4－1）相结合，模型（4－5）中的 y_{it} 就是模型（4－1）中的被解释变量工资增长率 WG_{it}，x_{it} 则为模型（4－1）中的解释变量利润增长率 $Prof_{it}$。如果将模型（4－5）的门限检验与利润模型（4－4）相结合，方程（4－5）中的 y_{it} 是模型（4－5）中的被解释变量利润增长率 $Prof_{it}$，x_{it} 即为模型（4－4）中的工资增长率 WG_{it} 等解释变量。若要保证模型中每一段门限取值之间有足够的观测值，因此 k 的取值应小于总观测个数，基于此，模型（4－5）可进一步表示为：

$$y_{it} = \alpha_0 + \sum_{j=1}^{k+1} \beta_1 x_{it} I(\tau_{j-1} \leqslant y_{it} < \tau_j) + \varepsilon_{it} \quad (4-6)$$

其中，I（·）为指示性函数，满足括号中条件（$\tau_{j-1} \leqslant y_{it} < \tau_j$）时取值为 1，否则为 0。根据 Hansen（1996）的研究，门限模型可以通过最小二乘（OLS）回归得到参数一致的估计量。在使用 OLS 回归的情况下，选择 k 个门限值的步骤如下：第一，计算出候选门限值 m（k < m < 总观测个数），第 i 个候选门限值 $\lambda_i = \min(y_{it}) + i \times \frac{\max(y_{it}) - \min(y_{it})}{m+1}$，但是，极值并不能作为候选门限值；第二，从上述 m 个候选门限值中，依次将挑选出 k 个不同的门限值进行模型（4－6）的回归并记录下各残差平方和；第三，在掌握所有门限可能取值情形后，残差平方和最小的那一组门限值则为 k 个门限的最佳取值。上述过程可以得出多种门限模型的回归结果，但是，门限模型估计是否具有有效性还有待于进一步检验。因此，本章参考了 Caner 和 Hansen（2004）提出的 F 值检验法对门限模型估计的有效性进行检验。Caner 和 Hansen（2004）指出，对 F 值分布的确认可以利用 Bootstrap 法进行模拟，即将需要检验的两个门限模型的因变量，改为 T 个服从标准正态分布的随机数后再进行回归，得到模拟的 F 值。因此，检验统计量 F 值为：

$$F = T\frac{SSE_1^2 - SSE_2^2}{SSE_2^2} \tag{4-7}$$

方程（4－7）旨在对 k 门限与 k＋1 门限的回归结果进行比较和检验，进而得出接受某个门限模型的结论。假设现以标准正态分布 N（0，1）会产生 T 个随机数，记为 NRND。在方程（4－7）中，T 为总观测值数，SSE_1^2 和 SSE_2^2 分别表示为门限较少和门限较多的模型的最小残差平方和。随着门限数量的提升，自变量对因变量的影响越贴近真实情形，从而残差平方和会降低。因此一般来说，$SSE_1^2 > SSE_2^2$，F 也为正值。此时，若要模拟对应 k 门限模型与 k＋1 门限模型的 F 分布，则可以对以下两个方程分别进行回归，其中，k 门限模型为：

$$NRBD_{it} = \alpha_0 + \sum_{j=1}^{k+1} \beta_j x_{it} I(\tau_{j-1} \leqslant y_{it} < \tau_j) + \varepsilon_{it} \tag{4-8}$$

k＋1 门限模型为：

$$NRBD_{it} = \alpha_0 + \sum_{j=1}^{k+2} \beta_j x_{it} I(\tau_{j-1} \leqslant y_{it} < \tau_j) + \varepsilon_{it} \tag{4-9}$$

随后，将计算得出方程（4－8）和方程（4－9）的残差平方和代入方程（4－7）中计算出模拟的 F 值。需要强调的是，在进行模拟时，方程（4－8）和方程（4－9）选择的因变量必须是同一组随机数，此时一次模拟过程完成。下一次模拟时，需要再以标准正态分布 N（0，1）产生的 T 个新随机数进行回归。此过程重复很多次，即可利用模拟 F 值得到一个渐进的 F 分布。进一步地，将得到的渐进 F 分布的分位数与两个门限模型得到的 F 值进行比较，再结合原假设“接受低门限模型”，即可得到是否接受更高门限的结论。

一般情况下，k 门限模型［方程（4－8）］与 k＋1 门限模型［方程（4－9）］是每次 F 检验的基础。若该检验结果为“拒绝原假设”，则继续进行 k＋1 门限模型与 k＋2 门限模型的 F 检验。这个过程将一直持续到某一次 F 检验（检验 r 与 r＋1 门限）结果为“不拒绝原假设”为止，这一系列检验才最终完成，并且得到结论：最佳门限个数为 r 个。这个过程将被称为“门限系列检验”。例如，对于单门限模型与双门限模型的对比检验过程，首先从两个原方程估计中得到 F 值，记为 F；再将两个因变量换成 N（0，1）的随机数进行 1000 次模拟，得到一个渐进 F 分布。取 $\alpha = 0.05$，则该分布的上 95% 分位数为模拟 F 值排序后的第 950 个数，记为 F_α。若 $\overline{F} > F_\alpha$，则在 0.05 显著性水平下，拒绝原假设，认为双门限模型比单门限模型更好；反之则不认为双门限模型更佳。以此类推，直至 r 门限与 r + 1 门限模型检验中不拒绝原假设时，说明 r 门限是最佳门限回归模型。

由上述过程可以看出，每多考察一个门限，在候选门限值中找出最佳门限值所需要的回归次数都会增加。考虑到软件的运行效率，本章对两个模型的检验最多至两门限模型的情形。根据上述估计方法的论述，本章设定备选门限个数为 25 个，模拟次数为 1000 次。而在实际研究中，为了保证备选门限两侧有足够的观测数量，研究中会排除最高与最低的 10% 的备选门限，所以我们实际研究的备选门限数量为 20 个。

（三）数据来源

以前文相同，本章计算职工人均工资需要薪酬总额和职工人数总额数据，在 2001 ~ 2018 年能够获得计算职工人均工资（普通职工人均工资和高管人均薪酬工资）的企业样本为 25224 个。为消除由于职工人数统计口径不一致而可能造成的职工年薪的衡量误差，本章首先分别剔除了职工人均工资增长率最高和最低 5% 的异常样本 3544 个，得到符合要求样本 21680 个。并且，一般情况下高管人均年薪高于普通职工人均年薪，但如果低估普通职工人数可能会导致普通职工人均年薪高于高管人均年薪的情况，故本章剔除了普通职工人均年薪高于高管人均年薪的 1700 个，得到最终样本 19980 个。职工工资总额数据来自国泰安年报数据库，职工人数来自国泰安公司治理数据库，其他数据均来自国泰安数据库和《中国统计年鉴》，并以色诺芬数据库数据和中国民政统计年鉴作为补充。

鉴于职工工资增长与企业利润增长这两个变量是内生变量，存在内生性，因此在开始回归时有必要对这两个变量进行内生性检验。本章采用 Hausman 检验对企业利润增长和职工工资增长的内生性进行检验，检验结果如表 4－1 所示。从表 4－1 的结果可见，两者之间是存在内生性的。

表 4－1　企业利润增长与职工工资增长内生性的 Hausman 检验

	OLS 模型（a）	2SLS 模型（b）	方差（a－b）	χ^2
职工工资增长	0.6048	3.394	－1.4309	6.55
企业资本存量的对数	0.9214	0.6993	0.4022	
企业劳动力投入的对数	－0.0901	－1.3190	1.3122	
总工资模型中的工资方程				
企业利润增长	0.3210	0.3129	－0.1651	556.43
职工的人力资本特征	－0.4563	－0.2653	0.0357	

（四）变量设计

根据模型需要，本章分别选取了企业利润增长率、企业就业总职工数、企业总资产、人力资本水平等指标。其中，企业总资产代表的是企业规模；人力资本水平，即职工的受教育程度，鉴于企业年报中只对公司高管的学历背景进行了披露，而没有普通职工教育水平的相关资料，因此，与前文相同，选用企业科研人员的比率来反映人力资本水平，即科研人员比率＝各省（直辖市）企业城镇单位科研人员数/各省（直辖市）工业企业城镇单位总从业人员数。

四、门限估计结果

（一）工资方程的门限估计结果

结合文中第三部分中关于门限模型的定义，下文分别设计了关于工资模型（4－1）的线性模型和门限模型。同时，假设工资增长（被解释变量）和利润增长（解释变量）均存在门限值。当利润增长对工资增长的影响中存在门限效应时，工资增长则是门限效应的来源，这意味着职工工资的增长在一定程度上是由于企业利润的上升而导致的。而工资增长中存在的不同门限值决定了工资增长对企业利润上升的反应也有所不同。这是因为职工工作的行业不同、职位不同、学历不同、努力程度不同，可能还因为性别差异而导致职工工资水平及增长水平上的差别。另外，当工资增长—利润增长关系中存在着门限效应时，企业利润增长则是门限效应的来源，这说明企业为了激励和留住人才，愿意提高职工的工资增长率，但是工资增长率的高与低则取决于企业利润增长是否能到达某个门限值。基于此，模型（4－1）可进一步构造为：

工资增长线性回归模型：

$$WG_{it} = \alpha_0 + \beta_1 Prof_{it} + \alpha_1 edu_{it} + \varepsilon_{it} \quad (4-10)$$

工资增长双门限模型：

$$\begin{aligned} WG_{it} = \alpha_0 &+ \beta_1 Prof_{it} \times I\ (WG_{it}\ or\ Prof_{it} < \tau_1) + \\ &\beta_2 Prof_{it} \times I\ (WG_{it}\ or\ Prof_{it} < \tau_2) + \\ &\beta_3 Prof_{it} \times I\ (WG_{it}\ or\ Prof_{it} \geqslant \tau_2) + \alpha_1 edu_{it} + \varepsilon_{it} \end{aligned} \quad (4-11)$$

模型（4－10）在模型（4－1）基础上演变而来的线性回归模型。由于门限值较多，所以门限模型可以是双门限模型、三门限模型等，经过测算，工资模型（4-1）中的被解释变量工资增长中两个门限值为最佳，即双门限模型为工资方程的最佳表现形式，模型（4-11）则是工资增长的双门限模型。双门限将工资增长的取值分为三个机制，双门限在本章中的取值分别为工资增长变量中第7个和第14个候选值，分别为0.16和1.38。依此，每个机制观测值个数分别为17982个、399个和1599个。双门限模型的回归结果报告如表4-2所示。

表4-2 工资方程的线性模型和门限模型估计结果对比（门限变量为工资）

回归系数	线性模型［模型（4-10）］	双门限模型［模型（4-11）］
常数项	0.2523*** (0.001)	0.4285*** (0.000)
利润增长	0.2398*** (0.000)	—
利润增长（第一机制）	—	-0.2197*** (0.000)
利润增长（第二机制）	—	0.1354*** (0.001)
利润增长（第三机制）	—	0.3227*** (0.01)
教育水平	0.3109*** (0.0002)	0.4288*** (0.000)
F值	183.557	367.972
R^2	0.253	0.594

注：括号内为标准误，***、**和*分别代表1%、5%和10%的显著性水平。

从表4-2线性模型的回归结果来看，企业利润增长对职工工资增长具有显著的正向影响，企业利润增长率提高1个百分点，职工工资增长率将提高

0.24个百分点。这说明高利润增长率的企业中的职工越能分享企业的利润，职工工资的增长率也能随着企业利润增长率的提高而提高。再结合双门限模型的检验结果，企业利润增长对职工工资增长的影响存在显著的门限效应。也就是说，利润增长系数在不同的门限，不同的阶段中表现为不同的数值。门限检验结果大致可以分为三个门限：第一，当工资增长水平位于第一门限内时，即工资增长水平处于低于低水平时，利润增长对工资增长的影响为负（-0.22）且在1%的水平上显著；第二，当工资增长水平上升到第二门限时，利润增长对工资增长的影响为正（0.14）且在1%的水平上显著；第三，当工资增长水平继续上升到第三门限时，利润增长对工资增长的影响上升至0.33，且在1%的水平上显著。

以上结果说明工资增长无论在哪个门限内，利润增长对工资增长的影响都显著，但是，企业利润增长对工资增长水平的影响随着工资水平进入更高的阶段而由原来的负相关转为正相关。之所以会出现这一现象，其主要原因在于：第一，一些企业无能力或不愿意给予职工较高的工资增长水平，因此，对于这些企业来说，企业利润的增长并不能刺激职工工资的增长水平，这也从另一个角度说明了企业存在“利润挤占工资”的现象，即企业利润增长率的提高是因为挤压了职工的工资；第二，在不同行业中，较高的工资增长率一般意味着该行业处于成熟发展阶段，或者有政策扶持、政府补贴，利润更加丰厚，利润增长水平较高，职工工资增长的速度也更快；第三，在同一行业中，较高的工资增长水平意味该企业具有更强的竞争力，或者更强的垄断性，利润也相对丰厚，因此职工工资增长水平也更容易提升，这一结论也与已有对垄断企业与非垄断企业职工工资增长的研究结论相符；第四，同一企业中，较高的工资增长水平往往意味着该职工的地位较高，那么该类职工在企业利润分配中掌握更多的信息或更大的主动权，其提高工资的诉求更容易得到满足。因此，下文中将对职工分为管理层和普通职工两个层次进行进一步的检验和分析。

（二）利润方程的门限估计结果

基于工资方程的门限估计过程，下文同样针对利润模型（4－4）设计了相关的线性模型和门限模型。当利润增长水平（被解释变量）存在门限值时，那么工资增长对利润增长的影响就存在着门限效应，此时的门限效应来自于利润增长。这意味着职工工资增长水平对企业利润增长程度会造成一定影响，结合已有研究成果，企业规模、所处行业以及企业所有制等情况都会对企业利润产生影响，企业利润增长对职工工资增长的影响也同样会受到企业规模、企业性质等因素的影响。反之，当工资增长（解释变量）中存在门限时，门限效应则来自于职工工资增长水平，这说明职工为了获取高工资增长率愿意努力工作，进而企业利润增长水平也有所提升，而职工工资增长水平是否达到了一定程度则是企业利润增长水平提高的直接决定性因素。基于此，利润模型（4－4）可进一步构造为：

利润增长线性回归模型：

$$Prof_{it} = \eta_0 + \gamma_1 WG_{it} + \eta_1 lnscale_{it} + \eta_2 lnemp_{it} + \varepsilon_{it} \quad (4-12)$$

利润增长双门限模型：

$$\begin{aligned} Prof_{it} = \eta_0 &+ \gamma_1 WG_{it} \times I(Prof_{it} \text{ or } WG_{it} < \tau_1) + \\ &\gamma_2 WG_{it} \times I(Prof_{it} \text{ or } WG_{it} < \tau_2) + \\ &\gamma_3 WG_{it} \times I(Prof_{it} \text{ or } WG_{it} \geq \tau_2) + \\ &\eta_1 lnscale_{it} + \eta_2 lnemp_{it} + \varepsilon_{it} \end{aligned} \quad (4-13)$$

模型（4－12）在模型（4－4）基础上演变而来的线性回归模型。同工资门限方程的测算方法和步骤一致，利润模型（4－4）中的被解释变量利润增长中有两个门限值为最佳，即双门限模型为利润方程的最佳表现形式，模型（4－13）则是工资增长的双门限模型。双门限将利润增长的取值分为三个机制，双门限在本章中的取值分别为利润增长变量中的第 8 个和第 15 个候选值，分别为1.606和5.148。依此，每个机制观测值个数分别为18382个、1399个和199个。表4－3对利润增长双门限模型的回归结果进行了报告。

表4－3 利润方程的线性模型和门限模型估计结果对比（门限变量为利润）

回归系数	线性模型	双门限模型
常数项	－3.8314*** （0.000）	－4.9860*** （0.000）
工资增长	0.5209*** （0.000）	—
工资增长（第一机制）	—	－0.0823*** （0.002）
工资增长（第二机制）	—	0.9432*** （0.000）
工资增长（第三机制）	—	2.0843*** （0.000）
资本存量	0.5085*** （0.001）	0.6838*** （0.000）
职工人数	0.4924** （0.000）	0.5045*** （0.001）
F值	995.59	942.00
R^2	0.82	0.92

注：括号内为标准误，***、**和*分别代表1%、5%和10%的显著性水平。

从表4－3线性模型的回归结果来看，职工工资增长对企业利润增长具有显著的正向作用，职工工资增长率提高1个百分点，会带动企业利润增长率提高0.52个百分点，这说明企业利润增长水平将随着职工工资增长水平的提高而上升。结合双门限模型的检验结果，可知工资增长对利润增长的影响中存在显著的门限效应。也就是说，在不同的门限中，职工工资增长对企业利润增长的影响将有所不同。具体表现为：第一，当工资增长水平比较低，位于第一门限内时，工资增长对利润增长的影响为负（－0.08）且在1%的水平上显著，说明职工工资增长与企业利润增长之间有显著的负向相关关系，即企业利润增长水平随着职工工资增长水平的提升而下降。这可能是因为，当企业利润增长率呈下降趋势时，职工可能会因企业利润率的下降而对企业的未来缺乏信心，职工的归属感下降，即使职工工资在上涨，也无法激励职工努力工作。第二，当利润增长水平上升到第二门限时，工资增长对利润增长的影响为正（0.94）且在1%的水平上显著，说明工资增长对利润增长的拉动作用才显示出来。第三，当利润增长水平继续上升到第三门限时，利润增长对工资增长的影响上升至2.04，且在1%的水平上显著。说明职工工资增长对企业利润增长的影响在此门限中最大。可能的解释是，当企业利润增长值达到一定水平时，职工会因企业利润不断增长而增加对企业的信任和信心，而职工工资增长水平的提升更能激励职工努力工作，提高工作效率，为企业创造更大的价值和更多的利润，而企业利润增长水平越高，企业越愿意与员工分享利润，所以职工工资的增长越能促进企业利润增长水平的提升，此时，工资增长和利润增长之间形成了一个“良性”循环。与前一部分工资方程的估计结果相联系，可以发现，无论是当企业利润增长水平较低时还是工资增长水平较低时，工资增长和利润增长之间的相互促进关系都不成立。

此外，表4－3中还显示，工资增长对利润增长的影响中存在门限效应，只有当工资增长水平超过门限值时，工资增长对利润增长的刺激作用才会显现。

五、职工分层的进一步检验

考虑到企业利润增长与职工工资增长之间互为因果的效应可能存在一定的滞后效应，加之企业职工可划分为高管与普通职工两个群体。因此，下文在模型（4－10）和模型（4－12）的基础上增加了控制变量，同时又设计了滞后模型和扩展模型：

$$WG_{t-1}=\alpha_0+\beta_1 Prof_{t-1}+\alpha_1 edu_{t-1}+\varepsilon_{it}$$

$$Prof_{t-1}=\eta_0+\gamma_1 WG_{t-1}+\eta_1 lnscale_{t-1}+\eta_2 lnemp_{t-1}+\varepsilon_{it} \quad (4-14)$$

为检验上述模型得到结果的稳健性，我们对模型（4－14）进行了扩展：

$$WG_{t-1}=\alpha_0+\beta_1 Prof_{t-1}+\alpha_1 edu_{t-1}+\alpha_2 Z+\varepsilon_{it}$$

$$Prof_{t-1}=\eta_0+\gamma_1 WG_{t-1}+\eta_1 lnscale_{t-1}+\eta_2 lnemp_{t-1}+\eta_3 Z+\varepsilon_{it} \quad (4-15)$$

需要说明的是，模型（4－14）和模型（4－15）中的 WG 在进行回归时将分别由高管薪酬增长率 MWG 和普通职工工资增长率 SWG 进行替代。在模型（4－15）中，Z 表示企业的产权性质（Ownership），Z 为虚拟变量，取值为 0 或 1，其他变量与上文相同。

表 4－4 描述了高管薪酬增长与利润增长之间的关系，第（1）列和第（2）列描述了基准模型（4－10）和模型（4－12）的回归结果，第（3）列和第（4）列描述了滞后模型（4－14）的回归结果，第（5）列和第（6）列描述了模型（4－15）的回归结果。表 4－5 描述了普通职工工资增长与利润增长之间的关系，第（1）列和第（2）列描述了基准模型（4－10）和模型（4－12）的回归结果，第（3）列和第（4）列描述了滞后模型（4－14）的回归结果，第（5）列和第（6）列描述了模型（4－15）的回归结果。如表 4－4 和表 4－5 所示。

表 4－4　高管薪酬增长与企业利润增长的关系检验

	基准模型		滞后模型		扩展模型	
	（1）	（2）	（3）	（4）	（5）	（6）
利润增长	0.0924*** （0.0000）	—	—	—	0.1457** （0.0201）	—

续表

	基准模型		滞后模型		扩展模型	
	(1)	(2)	(3)	(4)	(5)	(6)
利润增长（-1）	—	—	0.3471*** (0.0000)	—	—	—
高管薪酬增长	—	0.5421*** (0.0000)	—	—	—	0.9422* (0.0600)
高管薪酬增长（-1）	—	—	—	0.7748** (0.0321)	—	—
资本存量	—	1.2407** (0.0247)	—	—	—	1.9951* (0.0800)
资本存量（-1）	—	—	—	0.1254* (0.0882)	—	—
总职工人数	—	-1.0089** (0.0551)	—	—	—	-1.7824* (0.0801)
总职工人数（-1）	—	—	—	0.2487** (0.0300)	—	—
人力资本	0.1421*** (0.0000)	—	—	—	0.221*** (0.0000)	—
人力资本（-1）	—	—	-0.2441** (0.0410)	—	—	—
企业性质	—	—	—	—	0.2241** (0.0101)	0.1354* (0.0541)
R^2	0.24	0.31	0.37	0.42	0.27	0.30

注：括号内为系数的单尾检验 p 值，***、** 和 * 分别代表 1%、5% 和 10% 的显著性水平。

表 4-5　普通职工工资增长与企业利润增长的关系检验

	基准模型		滞后模型		扩展模型	
	(1)	(2)	(1)	(2)	(1)	(2)
利润增长	-0.0079** (0.0200)	—	—	—	0.2411*** (0.0000)	—

续表

	基准模型		滞后模型		扩展模型	
	(1)	(2)	(1)	(2)	(1)	(2)
利润增长（-1）	—	—	0.2841** (0.0520)	—	—	—
普通职工工资增长	—	0.6782* (0.0780)	—	—	—	0.8651* (0.074)
普通职工资增长（-1）	—	—	—	0.0759* (0.094)	—	—
总资产	—	0.7721* (0.037)	—	—	—	1.9458* (0.0841)
总资产（-1）	—	—	—	0.8204* (0.0742)	—	—
总职工人数	—	-0.8437** (0.0780)	—	—	—	-1.5421** (0.0114)
总职工人数（-1）	—	—	—	0.2764** (0.0200)	0.3327** (0.0000)	—
人力资本	0.1793*** (0.0000)	—	—	—	—	—
人力资本（-1）	—	—	-0.3540* (0.0700)	—	—	—
企业性质	—	—	—	—	0.1206 (0.1410)	0.1471 (0.5121)
R^2	0.35	0.54	0.34	0.60	0.36	0.46

注：括号内为系数的单尾检验 p 值，***、**和*分别代表1%、5%和10%的显著性水平。

第一，在基准模型回归结果中，无论是高管薪酬增长还是普通职工工资增长与企业利润增长之间均存在相互影响的协同效应。如果高管人均薪酬增长上升1个百分点，会促进企业人均利润增长增加0.54个百分点，普通职工人均工资增长上升1个百分点，企业人均利润增长将上升0.68个百分点；当企业利润增长上升1个百分点，高管人均工资增长率将提高0.09个百分点，当企业利润增长上升 1 个百分点，普通人均工资增长率则下降 0.01 个百分点。可见，高管薪酬增长与普通职工工资增长与企业利润增长之间具有相互促进、互为因果的“协同效应”。一方面，虽然高管薪酬增长率提高 1% 对企业利润增长水平的效果不及普通职工工资增长对企业利润增长的作用，但是可以认为职工工资增加可以发挥职工工作的积极性，提高工作效率，进而能为企业创造更多的利润。另一方面，企业利润增长水平提高对高管薪酬增长水平产生的正面影响更多，而普通职工的获益则稍显逊色，可以说明企业普通职工并未获取他们创造的利润，即利润更多的是挤占了普通职工的工资。

第二，职工教育背景对工资增长的作用显著为正，说明具有促进作用。具体来看，高管受教育水平比例每增加 1 个百分点，高管工资增长将增加 0.14 个百分点；普通职工受教育水平比例每提升 1 个百分点，普通职工工资将增长 0.18 个百分点，这一结论说明职工的受教育水平对其工资的增长具有积极的正向作用。

第三，企业规模对工资增长的作用显著为正，说明具有促进作用。具体来看，企业规模每增加 1 个百分点，高管薪酬将增加 1.24 个百分点；企业规模每提升 1 个百分点，普通职工工资将增加 0.77 个百分点，该结论说明企业规模对其工资的增长具有积极的正向作用。

第四，无论在高管薪酬增长模型中还是在普通职工工资增长模型中，企业职工总数与利润增长之间呈现出负相关或者不显著的相关关系，说明职工人数增长 1 个百分点，企业利润增长率会降低 0.84 ~ 1.01 个百分点，或许 Rebitzer 和 Taylor（1995）的观点可以对此进行解释，即可能是职工人数的增长意味着监督成本的增加，进而损害了企业的利润。

第五，滞后模型的估计结果表明，企业本期利润水平的提高得益于前一期职工工资水平的上涨。相应地，企业当期职工工资水平的增长主要受到企业前一期企业利润增长水平的影响，这一结论说明职工工资与企业利润之间的协同效应存在一定的滞后性。模型的估计参数显示，当前一期高管和普通职工工资增长 1 个百分点，企业本期的利润分别会增加 0.77 个和 0.82 个百分点，这一影响显然要比基准模型中的当期工资增长对当期利润增长的影响显著得多，这意味着工资增长对职工的跨期激励效应存在一定程度的上扬；反之，企业前一期利润增加 1 个百分点，则本期高管和普通职工工资分别增加 0.15 和减少 0.18 个百分点。

第六，即使在扩展模型中引入了企业产权性质这一哑变量，但检验结果并未因产权性质这一变量的引入而改变，不仅如此，拓展模型中企业利润增长、职工教育背景、企业规模等主要变量的回归估计结果也几乎与基准模型保持一致，这不仅说明了企业是否为国有企业这一产权性质不会影响回归结果，也进一步说明了企业职工工资增长与企业利润水平之间存在协同效应这一结论是较为稳健的。

六、本章小结

企业利润增长与职工工资增长两者的关系是学者近期一直在研究的话题之一。是企业利润增长影响职工工资增长，还是职工工资增长影响企业利润增长，在不同的文献中均有不同的研究结论。然而，两者可能存在相互影响的关系，企业职工可能会因企业利润的上升而得到更多的工资和奖金，企业职工也可能会因其工资的提高而努力工作，为企业创造更多的利润和价值。然而，利润增长与工资增长可能因其处在不同的阶段而导致两者关系发生变化，即可能存在一定的门限效应。基于此，本章利用中国 2001 ~ 2018 年上市公司数据，分别组建了工资方程和利润方程，检验两者相互影响的门限效应。在此基础上，本章还将职工进一步划分了高管和普通职工两个群体，分别通过基准模型、滞后模型和扩展模型对高管薪酬增长与企业利润增长以及普通职工工资增长与企业利润增长之间是否存在协同效应进行了进一步检验，结果发现：

第一，工资方程的门限检验和模型估计结果显示，线性模型中企业利润增长对职工工资增长具有显著的正向影响，企业利润增长水平上升 1 个百分点，职工工资增长将上升 0.24 个百分点。这说明利润高的企业更愿意与职工分享利润，从而为职工提供较高的工资增长率。当工资增长水平较低，位于第一门限内的时候，利润增长对工资增长的影响显著为负；当工资增长水平上升到第二门限时，利润增长对工资增长的正向影响上升至 0.14，当工资增长水平继续上升到第三门限时，利润增长对工资增长的影响上升至 0.33。这说明无论在哪个门限内，利润增长对工资增长的影响都显著；但随着工资增长水平进入更高的门限，企业利润增长对工资增长的影响由负转正并逐渐增强。

第二，利润方程的门限检验和模型估计结果表明，线性模型中职工工资增长对企业利润增长有着显著的正向影响，职工工资增长上升 1 个百分点，会带动企业利润增长上升 0.52 个百分点；这说明给予员工更高的工资增长率有助于帮助企业提升利润增长水平。在利润增长水平较低的企业中，职工工资增长率越高，企业利润增长则越低，职工工资增长与企业利润增长之间有显著的负向相关关系。当企业利润上升到第二门限时，工资增长对利润增长的拉动作用才显示出来，当工资增长水平上升 1 个百分点，利润增长值将上升 0.94 个百分点。当企业利润增长水平上升到第三门限内时，工资增长对企业利润增长的影响最大，1 个百分点的工资增长上升会导致 2.04 个百分点的利润增长水平的上升。

第三，高管工资增长与企业利润增长之间存在着相互促进、互为因果的协同效应，虽然普通职工工资增长与企业利润增长之间却存在着此消彼长的负相关关系，但是，不可否认的是，职工工资增长会增强职工工作的积极性，有助于激励职工努力工作，为企业创造更多的利润和更大的价值。滞后模型和扩展模型的估计结果表明，职工工资增长和企业利润增长之间的协同效应，不仅具有稳健性且具有一定的滞留影响，即上期的职工工资增长水平（或企业利润增长水平）会对当期的企业利润增长水平（或职工工资增长水平）产生积极的影响，且跨期激励效应并未随着时间的递进而衰减。但是，无论对于高管还是普通职工来说，提升他们的受教育水平的比例、扩大企业规模，对于增加他们的工资增长来说，是具有显著正向影响的。

第五章　工资增长对企业创新行为的影响

党的十八大明确提出“科技创新是提高社会生产力和综合国力的战略支撑，必须摆在国家发展全局的核心位置”。强调要坚持走中国特色自主创新道路、实施创新驱动发展战略。对于企业而言，创新是一项重要的企业管理活动，是决定公司发展方向、发展规模、发展速度的关键要素。很多学者也展开了关于企业创新的研究，并主要集中在创新绩效、创新激励与创新投入等方面（孙文杰和深坤荣，2009；吴延兵和米增渝，2011；洪银兴，2012），形成了较为丰富的研究成果。张庆昌和李平（2011）较早地从劳动力成本角度对劳动力成本与创新效率之间的关系进行了探析，研究发现劳动成本上升有利于创新效率的提高，同时，也发现劳动力成本上升对创新效率的影响存在几种可能的作用机制，即存在门槛效应。林炜（2013）也对劳动力成本上升是否影响企业创新能力进行了分析，研究同样发现了劳动力成本上升对企业创新的正向影响作用，借助于内生增长模型和知识生产函数的分析，他们认为要素替代效应可以用来解释劳动力成本上升对企业创新能力的传导。这是因为，劳动力成本上升导致资本价格相对下降，致使企业有增加研发支出的动力。董新兴和刘坤（2016）以工资作为劳动力成本的替代变量，对实际工资水平与制造业企业创新行为的关系展开了进一步的研究和讨论，职工工资水平的提升将正面影响企业的创新能力，企业的创新水平将随职工工资水平的增加有所提升。这是因为劳动、资本、土地等生产要素之间存在着替代效应（林炜，2013），也是因为工资增加意味着人力资本质量的提高，人力资本质量的提升将直接刺激企业创新水平的增加，且研究发现，相较于要素替代的作用，人力资本质量对企业创新的作用更为显著。潘青（2019）在已有研究的基础上，对劳动力成本上升影响创新的人力资本效应和要素替代效应进行了对比，又进一步探析了人力资本效应与要素替代效应是否存在影响创新的交互效应。结果发现：企业人力资本水平的提高对创新投入的影响要高于资本要素的替代效应，人力资本水平对企业创新的激励作用与要素替代效应密切相关，资本强度越高，则劳动力成本上升的创新激励效应也就越弱，而且劳动力成本越高，资本强度的创新激励效应也越弱，国有企业劳动力成本上升或人力资本改善的创新效应要高于民营企业。

创新实质上是一项知识生产的活动，同企业其他生产活动一样，创新活动需要投入必要的资金，不同于企业其他生产活动，创新活动更为复杂，对高水平人才的智力投入，即高质量人力资本的投入。这是因为，相对于资本投入，高质量人力资本的投入更能降低创新活动失败的风险，增加创新活动成功的概率，相应地，高质量人力资本（高层次人才）的投入意味着支付较高的工资，而高工资水平的企业又能吸引高层次人才，最终有助于创新水平的提升。可以说，劳动者工资的增长（劳动力成本的上升）有利于改善人才质量（人力资本质量），进而增加企业对创新活动进行投资的激励。本章认为，人力资本质量的提升是劳动力成本上升对企业创新行为影响的最重要的传导机制。除此之外，企业职工可以分为高管和普通职工两类群体，这两类职工工资的增长对企业创新行为的影响是否存在不同。或者说，哪类职工工作增长更有助于企业创新效率的提高，这是现有文献没有考虑到的因素，也是本章需要进一步研究的内容。基于此，本章利用 2001 ~ 2018 年 19980 个上市公司样本数据，检验了工资增长对企业创新行为的影响。

一、文献回顾与理论分析

关于工资增长对企业创新行为影响的研究，最早可以追溯到 Hicks（希克斯）于 20 世纪 60 年代对工资水平与创新之间关系的探讨。Hicks（1963）研究发现，从短期来看，职工实际工资水平的提高可能会侵蚀企业的利润，给企业带来巨大的生存压力，在一定程度上削弱了中国劳动密集型企业的国际竞争力（Meiyan，2010；Zhang 等，2011），但是，从长期来看，职工实际工资水平的提升则有利于提高企业人力资本的质量，促进企业创新活动的开展和创新效率的提升，进而扩展生产可能性边界（Farrell 和 Grant，2005）。因而，新经济增长理论认为，经济增长的驱动力量来自于创新和人力资本（Romer，1990；Lucas，1988）。为了更好地理解职工工资水平对企业创新行为的影响，有必要了解其相关作用机制，Naastepad 和 Kleinknecht（2004）首先对这一传导机制进行了较为系统的梳理和归纳。简单地说，劳动生产率、单位劳动成本将分别随着职工工资水平的提高而提高和降低，进而刺激企业创新行为的频发。综观笔者目前所掌握的文献资料，职工工资增长对企业创新的影响路径可归纳为以下三个方面。

（一）要素替代路径

劳动力要素价格的上升，意味着资本要素价格的下降，企业则更有动力通过提高资本强度提高劳动生产率。也就是说，资本强度随着实际工资水平的提高而增大，劳动生产率也有所提升。例如，在中国沿海地区，劳动力成本自 2003 年以来出现迅速上升，2004 年出现的“民工荒”现象更是导致了劳动力成本增加幅度大幅度上升，进入人工智能时代，很多企业开始用机器替代人工，新技术的使用减少了劳动力的雇用数量，从而提高了劳动生产率，增加了创新支出和投入（Funk，2002）。赵西亮和李建强（2016）基于中国工业企业数据库数据发现，劳动力成本上升加剧了企业生存压力，但提高了企业专利申请数量、新产品产值以及研发投入水平，而且对东部地区企业、民营企业以及资本密集型企业的影响更为显著。因此，用富含先进技术的资本、机器设备以及人力资本水平替代劳动比单纯增加资本投入更为普遍，高技术附加值的机器人将进一步推动企业创新生产（Bessen，2012）。此外，新资产来说比旧资产的产出效率更高，在实际工资水平增加的情形下，增加投资（创新支出）更有利于提升劳动生产率，增加创新支出。

研究表明，英国、美国等西方国家之所以能够在工业化时期取得巨大的技术进步，其中企业给职工发放的较高工资是重要的刺激因素（Broadberry 和 Gupta，2006）。David（1975）针对美国工业发展时期上升的劳动力成本进行了研究，结果发现，技术创新是降低单位劳动成本的有效途径。Van Reenen（1996）研究了劳动力成本与技术创新的替代效应是否在英国也同样存在，结论显示，劳动力成本与技术创新在英国也同样存在着替代效应。董新兴和刘坤（2016）以中国 516 家制造业上市公司为样本，研究发现，职工工资水平的增加不仅能提升企业的人力资本质量，还能有效提高企业的创新水平，从这一关系的作用机制来看，相较于要素替代效应，人力资本提升对于企业创新具有更强的刺激作用。程晨等（2016）同样也发现了技术进步对劳动力投入存在促进经济增长的替代作用。综上所述，企业技术创新将在一定程度上实现对劳动力要素的替代，推动企业业务流程再造以及细化产业分工，提高企业在全球价值链中的分工地位，最终实现企业的内生增长。而在劳动力成本上升背景下，企业唯有打破传统的劳动力资源依赖型的增长模式，才能够倒逼技术创新和实现企业转型发展，最终推动整个产业的转型升级（林炜，2013）。

(二) 人力资本提升路径

Cohen 和 Levinthal (1990) 研究指出，实物投入、资金投入以及人力资本水平的高低是一项创新活动能否取得成功的关键所在。当实物资本投入有限的前提下，高水平的人力资本的投入就变得尤为重要。也就是说，参与创新活动的人力资本质量越高，创新成功的可能性就越大。而职工工资水平的提升有助于其人力资本质量的提高，因而职工工资水平的提高对企业的创新行为有正面的影响。一方面，劳动者的人力资本质量可在一定程度上通过工资水平予以反映，较高的实际工资增长率能够吸引相对更优秀的人才为企业服务，也意味着企业具有较高的人力资本质量，能提升研发投资的边际产出水平，增加创新成功的概率，激励企业更进一步地参与创新活动。另一方面，Shapiro 和 Stiglitz (1984)，Cohen 和 Levinthal (2000) 研究指出，较高的工资增长率之所以能吸引更优秀的人才，可以从效率工资理论进行解释，这是因为高工资增长率更能激励职工努力工作。从效率工资的角度上来看，较高的工资水平同样有利于创新成功，能够激励企业增加创新投入。

(三) 成本激励路径

企业既要追求利润最大化，又维持企业创新水平，降低成本和加大创新力度是两个重要的途径。具体而言，所谓降低成本，即当产品（或服务）保持不变，企业产出规模和毛利率将随着资本支出的增加，劳动生产效率的提高以及单位产出的平均成本的下降而提升，最终也将提升企业的利润水平。而加大创新是指在其他条件不变的前提下，通过研发新的产品（或服务），获得较高的市场溢价，进而提升企业的总利润规模。然而，依据内生增长理论的指导下，以利润最大化为目标的厂商在进行研发投资决策时，工资占总成本比重越大，通过研发创新提高劳动生产率，就越能降低企业的总成本（Foley 和

Michl，1999），企业也就越有动力增加研发支出，基于 Foley 和 Michl 的研究发现，工资总额占企业总成本的比重是决定企业研发投入水平的决定性因素。也就是说，公司给予职工更高的工资增长率，则越有动力进行创新活动。因此，企业为应对劳动力成本上升，降低单位劳动成本或者提高单位产品的利润是两种保持企业利润水平或者竞争力的有效途径。

基于以上相关理论和文献的分析，我们可以初步认为，企业职工工资增长率的提升虽然一方面增加了企业的成本，但从另一方面来看也有利于企业创新投入的增加，提高企业创新的效率。以往的文献主要要素替代效应（要素替代的“数量”）、人力资本提升效应（效应人力资本的“质量”效应）作为职工工资增长影响企业创新行为解释路径，但是本章认为，成本激励效应也可以对此现象进行解释。那么，在影响职工工资增长与企业创新关系的三大路径中，哪种路径的影响会更为突出呢？企业职工可以进一步地分为高管和普通职工两类，两类职工工资增长对企业创新活动是否都具有正向影响，或是存在差异性，也有待于本章进一步的检验。此外，职工工资增长对企业创新活动的正向影响是否会企业性质等因素的影响等，这些问题都有待于我们进一步地检验和研究。

基于上文的理论分析，相较于企业高级管理人员，普通职工人力资本质量的提升更有助于提升工资增长对企业创新支出的影响效应。

二、模型设定及数据来源

（一）计量模型设定

为了实证检验职工工资增长对企业创新活动（研发支出）的影响，我们构建计量模型如下：

$$RD_{it} = \alpha + \beta_1 WG_{it} + \beta_2 K_{it} + \beta_3 Size_{it} + \beta_4 Cost_{it} + \beta_5 Lev_{it} + \beta_6 ROA_{it} + \beta_7 Own_{it} + \lambda Industry_{+} \varepsilon_{it} \quad (5-1)$$

职工工资增长对企业创新的影响可能是由于要素替代效应导致的，也可能是通过人力资本质量提升效应造成的，即存在双重路径，因此，本章还进一步地关注了人力资本质量与要素替代效应之间交互作用（职工工资增长水平与资本强度的乘积）对企业研发支出行为的影响。通过引入两者的交互项，新的计量模型可以表达为：

$$RD_{it} = \alpha + \beta_1 WG_{it} + \beta_2 K_{it} + \beta_3 Size_{it} + \beta_4 Cost_{it} + \beta_5 Lev_{it} + \beta_6 ROA_{it} + \beta_7 Own_{it} + \beta_8 WG_{it} \times K_{it} + \lambda Industry + \varepsilon_{it} \quad (5-2)$$

此外，由于不同所有制类型的企业在生产经营过程中，面临着市场准入、资源获取等方面的差异化约束条件，所有制类型因可能会对职工工资增长的变化有不同的反应，因而也就可能在通过人力资本质量和要素替代效应两个渠道影响企业创新支出方面有不同的表现。基于这一点考虑，我们在模型（5－1）的基础上进一步引入所有制类型与工资增长率的交互项，对应的计量模型可以改写为：

$$RD_{it} = \alpha + \rho_1 Own_{it} + \rho_2 Own_{it} \times WG_{it} + \beta_3 Size_{it} + \beta_4 Cost_{it} + \beta_5 Lev_{it} + \beta_6 ROA_{it} + \beta_7 Own_{it} + \lambda_1 Industry_1 + \lambda_2 D_T + \varepsilon_{it} \quad (5-3)$$

（二）变量设定

在模型（5－1）至模型（5－3）中，i 和 t 分别表示企业与年份，α 为常数项，ε_{it}为误差项。

1. 被解释变量

关于企业创新支出水平的度量，现有文献中主要采用两类指标进行衡量：一是人均研发支出；二是用研发支出占总收入的比重反映企业在创新方面的支出水平（董新兴和刘坤，2016；潘青，2019）。参考主流的研究方法，本章选择以研发支出占企业总收入的比重作为研发支出的代理变量，记作 RD。因此，被解释变量 RD 该指标由上市公司年报中披露的研发费用除以营业总收入计算而得，RD_{it}表示 i 企业在第 t 年的创新支出水平。

2. 解释变量

参考已有研究，模型中选择如下因素作为主要解释变量为：工资增长率 WG_{it}，作为职工工资增长的替代变量，WG_{it}表示 i 企业第 t 年全部职工实际工资增长率。由于本章将企业职工划分为高管和普通职工两类群体，因此，下文将分别探析高管人均工资增长率（MWG）和普通职工人均工资增长率（SWG）对企业创新行为的影响。此变量还可以反映企业的人力资本质量，考察人力资本提升路径上职工工资增长对企业研发支出的刺激作用，即考察人力资本质量对企业研发的影响。

高管人均工资增长率(MWG) = [t 期高管人均工资 − (t − 1) 期高管人均工资]/(t − 1) 期高管人均工资，高管人均工资 = 高管薪酬总额/（高管总数 − 不领取薪酬的高管数量），高管人员包括企业董事、监事和高级管理人员

普通职工人均工资增长率(SWG) = [t 期普通职工人均工资 − (t − 1) 期普通职工人均工资]/(t − 1) 期普通职工人均工资，其中，普通职工人均工资 = 支付给职工以及为职工支付的现金 − 高管薪酬/（在职员工数量 − 高管数量），普通职工为除去高管之外的所有职工。

3. 控制变量

（1）投资强度（K）。K 表示投资强度，即单位劳动对应的投资规模，用以测度劳动资本替代效应对企业研发支出的影响。本章拟探析资本要素对劳动要素是否具有替代效应，因此我们在模型中加入了衡量企业资本强度的变量，对于资本强度（K）这一变量的度量，以往研究中大多采用存量的方法。但是，根据前文中关于投资强度越大，资本对劳动的替代程度就越高这一分析和

推断，采用流量指标对投资强度进行计量，更能在边际上将资本对劳动的替代效应予以反映。与此同时，这也是为了避免潜在的内生性问题，投资强度（K）＝（投资支出总额－研发支出）/职工总数。

（2）劳动力成本占比 Cost。Cost 表示劳动力成本占比，用职工工资等总成本占企业总成本的比重衡量，以反映劳动力成本对企业创新行为的影响。前文提及，根据内生增长理论，成本是影响企业利润的重要因素，如果劳动力成本较高，而企业的创新活动对降低劳动力成本有利，那么企业就应该大力推进这一能提高劳动生产率的创新活动（Foley 和 Michl，1999），即劳动力成本（职工总工资）在总成本中的比重将对企业的研发决策产生影响。因此，在探析职工工资增长对企业创新的影响时，需控制劳动力成本在总成本中的占比。需要说明的是，下文在进行回归分析时，将高管和普通职工的劳动力成本占总成本的比重分别进行了测算和回归分析。

（3）企业规模 Size。Size 表示企业规模，用以控制企业规模对企业创新行为的影响。本章之所以选择企业规模这一控制变量，是因为熊彼特学的创新假说曾指出企业创新活动与企业规模成正比，即规模越大的企业越倾向于创新，也就越有资本从事创新活动；但是也有学者指出小规模企业实质上比大规模企业更具有灵活性和创新能力。虽然学者对企业规模与企业创新行为的关系并未形成一致的结论，但企业规模显然是企业创新活动的影响因素。鉴于本章研究是职工工资增长对企业创新行为的影响，因此，本章选择职工人数而非企业资产作为衡量企业规模的变量。

（4）资产负债率 Lev。Lev 表示企业的资产负债率，用以控制企业资本结构对创新活动的影响，该变量以一年内到期的长期负债以及长期负债之和与期末资产总额的比率计算确定。考虑到企业投资行为显著地受到资本结构的影响，研发作为企业重要的投资行为之一，也必将受到资本结构的影响，因此本章将资产负债率作为控制变量。

（5）资产收益率 ROA。ROA 表示企业的资产收益率，反映企业的盈利能力和状况。一般而言，盈利能力越强的企业越有雄厚的资金支持企业的创新活动；反之，也有学者认为，盈利能力较差的公司在巨大竞争压力下更愿意通过创新获取垄断利润。基于此，书中加入了控制企业盈利能力的变量资产收益率。

（6）虚拟变量。Own 表示企业所有制类型，用于控制企业产权性质对企业研发行为的影响。研究表明，资源配置仍受到企业性质的影响，即国有企业与非国有企业之间在市场准入、盈亏敏感性、社会责任等方面仍存在着较大的差异性，如在资源获取和市场准入方面，相较于非国有企业，国有企业的政治关联（Political Connection）的优势为其获取了更多利益；在人员流动方面，国有企业的员工相对稳定，还可能出现人员繁荣。此外，国有企业还可以因为预算软约束的存在而使其对成本和盈亏的变化不够敏感。综上所述，企业的所有权对于企业的影响是方方面面的，其中也必要包括对企业创新行为的影响，因此，在探析企业创新行为影响因素时，有必要将企业的所有权性质纳入模型中。当企业的类型为国有企业时，Own 取值为 1；反之，Own 取值为 0。

Industry 表示行业虚拟变量。创新活动在不同的企业中将呈现出不同的表现，如创新对于高新技术行业起到了决定性的影响作用。因此，模型中还应引入行业虚拟变量，以控制行业因素对企业创新行为的潜在影响。用按照证监会的分类，除 C（制造业）按二级分类，其余按一级分类，共设 21 个虚拟变量。

D_T 表示时间虚拟变量，用于控制不同年份的宏观政策效应。

（三）数据来源与处理

本章以 2001 ~2018 年为研究窗口，考虑到解释及控制变量的赋值涉及滞后一年的财务数据，便选取 2001 年 1 月 1 日以前在我国沪深两市 A 股上市的所有公司为研究的初选样本，并在此基础上做如下处理：第一，剔除当年新上市的公司，因为公司规模和股本结构会随着上市融资的变化而发生改变；第二，剔除当年或上年财务数据和公司治理结构资料不全的观测值；第三，剔除掉全部 ST 及 * ST 的上市公司观测值；第四，剔除高管人数、员工人数、高管人均薪酬及员工人均工资等不符合现实及逻辑的样本。经过上述筛选，最终得到 19980 个公司年度（Firm – Year）样本观察值。需要说明的是，数据主要来源于国泰安 CSMAR 数据库、CCER 数据库和 Wind 数据库，并辅以《中国统计年鉴》。数据处理软件为 Stata 15.0。研发支出数据来自财务分析中基于利润表的衍生报表数据；营业收入总额、工资总额、年度投资支出总额、成本总额等数据来自上市公司年报资产负债率、资产回报率数据源自国泰安数据库中的财务分析。

（四）描述性统计

为进一步查看和分析样本数据的分布情况，在进行实证检验前有必要对本章研究中所涉及的主要变量进行描述性统计，描述性统计结果如表 5 – 1 所示。

表 5 – 1　各变量描述性统计结果

变量名	变量说明	均值	标准差	最小值	最大值	观察值
RD	研发支出（百分点）	6.552	6.228	0.000	83.700	19980
K	投资强度（万元/人）	35.514	102.168	0.378	4673.826	19980
Size	企业规模（千人）	7.056	13.752	0.180	158.976	19980
Cost	劳动力成本占比（%）	21.798	11.970	1.512	55.902	19980
Lev	资产负债率（%）	40.402	23.154	1.350	88.012	19980
ROA	资产收益率（%）	13.014	10.800	–68.472	82.332	19980

注：根据样本数据整理。

表 5 – 1 对各主要变量的均值、最小值和最大值等指标进行描述。首先，从研发支出（RD）的统计数据来看，在整个样本中，研发费用占营业总收入

比重的最小值为0，最大值为83.700%，均值为6.552%，标准差为6.228%，标准差与均值之间的差距较小，说明了研发支出水平在不同的企业间是存在较大的差异性的，而这一结论不仅有助于下文关于企业职工工资增长率影响因素的进一步检验和分析，也进一步反映出我国上市公司整体研发投入水平还有待于进一步提高。其次，投资强度（K）的均值为35.514万元，即样本公司平均每年的人均投资额度为35.514万元，投资强度的标准差为102.168万元，超过均值35.514万元的程度较大，这一结论说明企业投资的离散程度较高，即企业投资具有一定的波动性，而企业职工总数不同可能是对这一现象的较为有力的解释，仔细观察企业职工总规模（人数），有的公司总职工能达到15万人，而也有的公司仅有几百人的雇员，说明样本企业的员工规模差距是非常大的。再次，劳动力成本占比（Cost）的均值仅有21.798%，这一结论再次证实了我国劳动力市场供给较为充分而劳动者收入占比较低的事实。最后，样本公司的资产负债率（Lev）均值为40.402%，最大值为88.012%，说明个别企业的财务杠杆较高，财务风险较大。资产收益率（ROA）的平均水平为13.014%，最小值为-68.472%，最大值为82.332%，说明盈利水平在样本公司中也存在着非常大的差异。而样本企业盈利水平较大幅度的变动，也有利于控制企业盈利情况对企业研发支出行为的影响。

三、实证检验结果分析

（一）工资增长对创新行为的影响

本章利用Stata 15.0对构建的计量模型进行估计。在正式估计模型的参数之前，需要首先明确回归模型的选择。我们首先使用 Hausman 检验来判断具体计量模型应该选择固定效应模型还是随机效应模型。对计量模型（5－1）进行回归分析时，本章将职工工资增长分为高管薪酬增长和普通职工工资增长两个层面，因此，模型（5－1）的估计结果分别如表 5－2 和表 5－3 所示。表 5－2 列示了高管薪酬增长对企业创新行为影响的估计结果，表 5－3 描述了普通职工工资增长对企业创新行为影响的估计结果。表 5－2 和表 5－3 中第（1）列至第（3）列描述了没有控制所有制、行业及年份虚拟变量情形下的估计结果，第（4）列至第（6）列描述了在控制所有制、行业及年份虚拟变量情形下的估计结果。前文在理论分析中指出，投资强度和劳动力成本也在一定程度上影响了企业的创新支出水平，因此，本章进一步探析了模型中去除投资强度（K）或劳动力成本占比（Cost）的影响，即第（2）列和第（5）列在第（1）列和第（4）列删去了投资强度（K），第（3）列和第（6）列在第（1）列和第（4）列删去了劳动力成本占比（Cost）。

表 5－2　高管薪酬增长对企业创新行为影响的估计结果

变量	（1）	（2）	（3）	（4）	（5）	（6）
MWG	0.1076*** (0.0000)	0.0926*** (0.0000)	0.9772*** (0.0000)	0.0693*** (0.0000)	0.0756*** (0.0000)	0.7468*** (0.0000)
K	0.0035*** (0.0000)	—	0.0049*** (0.0000)	0.0048*** (0.0000)	—	0.0057*** (0.0000)
Cost	0.0179*** (0.0000)	0.0232*** (0.0000)	—	0.0139*** (0.0000)	0.0189*** (0.0000)	—
Size	0.0107*** (0.0000)	0.0078*** (0.0000)	0.0097*** (0.0000)	0.0093 (0.3284)	0.0084 (0.2812)	0.0088*** (0.0000)
Lev	−0.0337*** (0.0000)	−0.0338*** (0.0000)	−0.0354*** (0.0000)	−0.0432*** (0.0000)	−0.0690*** (0.0000)	−0.0654*** (0.0000)

续表

变量	(1)	(2)	(3)	(4)	(5)	(6)
ROA	-0.1325*** (0.0000)	-0.1327*** (0.0000)	-0.1399*** (0.0000)	-0.1346*** (0.0000)	-0.2048*** (0.0000)	-0.2447*** (0.0000)
OWN	—	—	—	0.8179*** (0.0000)	0.4544*** (0.0000)	0.6748*** (0.0000)
Industry	—	—	—	控制	控制	控制
Year	—	—	—	控制	控制	控制
Constant	2.6846*** (0.0000)	2.6608*** (0.0000)	2.6347*** (0.0000)	1.1107*** (0.0000)	1.0880*** (0.0000)	1.0977*** (0.0000)
R^2	0.4203	0.4149	0.4100	0.5498	0.5321	0.5134
Hausman 检验 (p 值)	7.2417 (0.3740)	6.0960 (0.6614)	8.6900 (0.4114)	7.1610 (0.4751)	7.3700 (0.4571)	7.3487 (0.6451)
观测值	19980	19980	19980	19980	19980	19980

注：①括号内为系数的单尾检验 p 值；②***、**和*分别代表1%、5%和10%的显著性水平；③未使用聚类稳健标准误。

表 5-3　普通职工工资增长对企业创新行为影响的估计结果

变量	(1)	(2)	(3)	(4)	(5)	(6)
SWG	0.1399*** (0.0000)	0.0972*** (0.0000)	0.1028*** (0.0000)	0.0832*** (0.0000)	0.0907*** (0.0000)	0.0872*** (0.0000)
K	0.0055*** (0.0000)	—	0.0062*** (0.0000)	0.0074*** (0.0000)	—	0.0068*** (0.0000)
Cost	0.3409*** (0.0000)	0.3394*** (0.0000)	—	0.2763*** (0.0000)	0.3188*** (0.0000)	—
Size	0.0139*** (0.0000)	0.0101*** (0.0000)	0.1036*** (0.0000)	0.0140 (0.3941)	0.1008 (0.3374)	0.1067*** (0.0000)
Lev	-0.0438*** (0.0000)	-0.0439*** (0.0000)	-0.4112*** (0.0000)	-0.0536*** (0.0000)	-0.0828*** (0.0000)	-0.7541*** (0.0000)
ROA	-0.1723*** (0.0000)	-0.1248*** (0.0000)	-0.1583*** (0.0000)	-0.1615*** (0.0000)	-0.2457*** (0.0000)	-0.1697*** (0.0000)

续表

变量	(1)	(2)	(3)	(4)	(5)	(6)
OWN	—	—	—	0.7790*** (0.0000)	0.5453*** (0.0000)	0.6357*** (0.0000)
Industry	—	—	—	控制	控制	控制
Year	—	—	—	控制	控制	控制
Constant	3.3558*** (0.0000)	3.3260*** (0.0000)	3.2544*** (0.0000)	1.3884*** (0.0000)	1.3601*** (0.0000)	1.3874*** (0.0000)
R^2	0.5464	0.4979	0.5094	0.6596	0.4837	0.5471
Hausman 检验 (p 值)	7.9659 (0.4488)	6.7056 (0.7937)	7.1064 (0.5873)	5.5085 (0.3274)	6.1417 (0.4155)	6.2417 (0.3548)
观测值	19980	19980	19980	19980	19980	19980

注：①括号内为系数的单尾检验 p 值；②***、**和*分别代表1%、5%和10%的显著性水平；③未使用聚类稳健标准误。

综合表5-2和表5-3中的数据信息可以看出，在分别单独考察高管薪酬增长（MWG）和普通职工工资增长（SWG）以及投资强度（K）、劳动力成本占比（Cost）对研发支出水平的影响时，职工工资增长与投资强度系数与劳动力成本的估计结果均为正值，符合本书研究的预期。此外，无论是否控制所有制类型、行业组别和年份等虚拟变量，主要解释变量系数的估计结果都与预期相符，表明人力资源水平、要素替代效应以及成本效应都是影响企业研发投资行为的重要影响因素。考虑到本章的篇幅，下文分析中，我们以表5-2和表5-3中第（4）列数据为基础，对研究结果进行分析。

高管薪酬增长（MWG）和普通职工工资增长（SWG）的回归系数分别为0.0693和0.0832，且在1%的水平上显著。说明高管薪酬增长率每提高1个百分点，企业研发支出占营收额的比重会提升0.0693个百分点。普通职工工资每增加1个百分点，企业研发支出占营收额的比重会提升0.0832个百分点。也就是说，随着职工工资增长率的提高，企业将有增加研发支出比重的倾向。

此外，从回归系数上看，相较于高管薪酬的增加，提高普通职工工资增长率更有助于增加企业创新行为。

投资强度（K）的回归系数分别为0.0048和0.0074，且在1%的水平上显著。说明企业的人均高管投资支出每增加1万元，企业研发支出占营收额的比重将提升0.0048个百分点。企业的人均普通职工工人投资支出每增加1万元，企业研发支出占营收额的比重将提升0.0074个百分点。也就是说，企业研发支出比重会随着投资强度的加大而提高。这表明，劳动力成本增加对企业创新行为影响的作用机制不单单表现在要素替代效应方面，表中的数据可以证明，人力资本质量的提升对企业创新行为的激励作用更为显著。

劳动力成本占比（Cost）的回归系数分别为0.0139和0.2763，且在1%的水平上显著。说明企业的人均高管劳动力成本每增加1万元，企业研发支出占营收额的比重会提升0.0139个百分点。企业的人均普通职工工人劳动力成本每提高1万元，企业研发支出占营收额的比重会提升0.2763个百分点。也就是说，企业研发支出比重会随着劳动力成本的增加而提高。这从另一个方面证实了职工工资增长对企业创新行为影响的作用机制不但可以从要素替代、人力资本提升进行解释，还能从成本激励效应进行分析。

企业规模（Size）的回归系数为正，说明企业总人数越多，相应的劳动力成本（工资）就会越高，企业为了降低成本，则更有动力通过创新活动降低用工成本，这一结论与熊彼特提出的创新假说相一致；资产负债率（Lev）的回归系数为负值，说明企业的负债率水平对于企业的创新活动有抑制作用，且负债率水平越高，对企业创新活动的抑制作用就越明显；资产收益率（ROA）的系数为负值，则表明盈利能力较好的企业反倒没有进行创新的动力，这与我们的预期不符，这可能是因为有的企业并不关注长期发展。

本章的结果还说明，同样是人均支出增加1万元，人力资本提升、投资强度以及成本在不同的企业中会产生不同的创新激励效应。根据计量模型的估计结果，工资增长率提升的创新效应是投资强度创新效应的14倍，是成本激励效应的5倍。这也就说明，若将增量的支出应用到提高职工工资增长率方面，能吸引更优秀的人才加盟企业，提升企业整体的人力资本质量，对企业的创新支出也将起到更大的激励作用。换句话说，相较于采取主动措施（比如提高薪酬吸引高水平的人才）刺激创新投入，企业更热衷于投资活动，本章的研究结果与董新兴和刘坤（2016）的研究发现一致，即企业的平均投资强度显著地高于职工工资增长。之所以会出现此种现象，董新兴和刘坤（2016）认为，受益于人口红利因素，相对于企业发展对劳动力的增量需求而言，劳动力供给一直处在接近于无限供给的状态。即使在“民工荒”出现多年以后的今天，每年新增的大学毕业生仍高达700余万人，新增就业劳动力更是多达千万的规模。企业可以轻易获取大量低成本劳动力资源，而我国制造业、服务业等众多企业的比较优势（或竞争优势）也正是建立在劳动成本较低的基础之上。在这种情形下，随着市场形势的发展，许多企业虽然也感受到了市场竞争和劳动力成本上升对企业利润吞食的压力，但由于创新存在一定程度的不确定性，利用低成本劳动力资源投资新的项目则相对风险更低，其收益更有保障（控制变量资产收益率的系数的估计结果为负值，且十分显著，为此增加了证据）。然而，有些企业在提升人力资本质量方面非常受限，如制造业企业，对于这样的企业而言，他们会选择通过继续挖掘低成本劳动力的价值创造潜力，也不会冒险进行创新，以最大限度规避风险。基于此分析，注重创新支出，加强知识资本投资的企业将实现高劳动力成本、高产出效率的高水平均衡，而以雇用低成本劳动者的企业将陷入低劳动力成本、低产出效率的低水平均衡，这些企业势必将在产业结构升级中被市场淘汰。

那么，加快收入分配体制改革，提高劳动者的收入水平及工资增长率，提高工资性收入在一次分配中所占的比重，加强企业的投资效率，如避免企业向产能过剩以及盈利能力较差领域的无效投资，鼓励企业创新，并在社会上形成以提高劳动生产率和技术进步为导向的创新氛围等。这些举措将有助于破解“劳动力资源诅咒”效应。

（二）基于产权性质的进一步分析

计量模型（5－2）和模型（5－3）的估计结果如表5－4和表5－5所示。其中，第（1）列和第（2）列报告了没有控制所有制、行业及时间虚拟变量情形下的估计结果，第（3）列和第（4）列报告了控制所有制、行业及时间虚拟变量情形下的估计结果。

表5－4　高管薪酬增长对企业创新行为影响的估计结果（引入交叉变量）

变量	（1）	（2）	（3）	（4）
MWG	0.1102*** （0.0000）	0.0353** （0.0321）	0.0776*** （0.0000）	0.0277* （0.0900）
MWG×K	－0.0020* （0.0810）	—	－0.0021* （0.0665）	—
MWG×OWN	—	0.1087*** （0.0000）	—	0.0522* （0.0755）
K	0.0080*** （0.0000）	0.0025*** （0.0000）	0.0068*** （0.0000）	0.0023*** （0.0000）
Size	0.0082*** （0.0000）	0.0148*** （0.0000）	0.0076 （0.2198）	0.0088 （0.2544）
Cost	0.2602*** （0.0000）	0.2555*** （0.0000）	0.2114*** （0.0000）	0.2105*** （0.0000）
Lev	－0.0339*** （0.0000）	－0.0318*** （0.0000）	－0.0343*** （0.0000）	－0.0352*** （0.0000）
ROA	－0.1320*** （0.0000）	－0.1302*** （0.0000）	－0.1079*** （0.0000）	－0.1068*** （0.0000）
OWN	—	—	0.9410*** （0.0000）	0.4957*** （0.0000）

续表

变量	(1)	(2)	(3)	(4)
Industry	—	—	控制	控制
Year	—	—	控制	控制
Constant	2.4874 *** (0.0000)	2.4996 *** (0.0000)	0.9001 *** (0.0000)	0.9895 *** (0.0000)
R^2	0.3403	0.3593	0.4434	0.4429
观测值	19980	19980	19980	19980

注：①括号内为系数的单尾检验 p 值；②***、** 和 * 分别代表 1%、5% 和 10% 的显著性水平；③未使用聚类稳健标准误。

表 5-5　普通职工工资增长对企业创新行为影响的估计结果（引入交叉变量）

变量	(1)	(2)	(3)	(4)
SWG	0.1378 *** (0.0000)	0.0441 ** (0.0110)	0.0970 *** (0.0000)	0.0347 * (0.0900)
SWG × K	-0.0025 * (0.0600)	—	-0.0026 * (0.0740)	—
SWG × OWN	—	0.1359 *** (0.0000)	—	0.0653 * (0.0660)
K	0.0100 *** (0.0000)	0.0031 *** (0.0000)	0.0085 *** (0.0000)	0.0029 *** (0.0000)
Size	0.0103 *** (0.0000)	0.0185 *** (0.0000)	0.0095 (0.1290)	0.0110 (0.5553)
Cost	0.3253 *** (0.0000)	0.3194 *** (0.0000)	0.2643 *** (0.0000)	0.2631 *** (0.0000)
Lev	-0.0424 *** (0.0000)	-0.0398 *** (0.0000)	-0.0429 *** (0.0000)	-0.0440 *** (0.0000)
ROA	-0.1650 *** (0.0000)	-0.1628 *** (0.0000)	-0.1349 *** (0.0000)	-0.1335 *** (0.0000)
OWN	—	—	1.1763 *** (0.0000)	0.6196 *** (0.0000)

续表

变量	(1)	(2)	(3)	(4)
Industry	—	—	控制	控制
Year	—	—	控制	控制
Constant	3.1093*** (0.0000)	3.1245*** (0.0000)	1.1251*** (0.0000)	1.2369*** (0.0000)
R^2	0.4254	0.4491	0.5543	0.5536
观测值	19980	19980	19980	19980

注：①括号内为系数的单尾检验 p 值；②***、**和*分别代表1%、5%和10%的显著性水平；③未使用聚类稳健标准误。

计量模型（5-2）的估计结果（见表5-4和表5-5中第（3）列数据）显示，高管工资增长率与投资强度的交互项（MWG×K）以及普通职工工资增长率与投资强度的交互项（SWG×K）的回归系数分别为-0.0021和-0.0026，且在10%的水平上显著。这表明，无论是高管群体还是普通职工群体，随着企业投资强度的增大，职工工资增长产生对创新支出的影响效果将减弱；反之，随着职工工资增长率的提高，企业投资强度对创新支出的影响效应也有所减小。这可能是因为，随着经济的发展，企业能否在创新方面取得成功，主要依赖于企业的人力资本水平和质量，说明职工工资增长水平、人力资本质量与创新支出水平之间存在一个正反馈的机制。

表5-4中第（4）列数据显示，国有企业高管薪酬增长水平的回归系数为0.0277，非国有企业高管薪酬增长水平的回归系数为0.0799，非国有企业高管薪酬增长水平对创新支出的激励作用超过国有企业0.0522个百分点；表5-5中第（4）列数据显示，国有企业普通职工工资增长水平的回归系数为0.0347，非国有企业普通职工工资增长水平的回归系数为0.1000，非国有企业普通职工工资增长水平对创新支出的激励作用超过国有企业0.0653个百分点。之所以存在这样的现象，可能的原因：一是国有上市公司兼具政府和企业

的双重职能，并非追求利润最大化单一目标；二是国有企业因为承担着一些社会性负担和职能，在不同程度上都享有“预算软约束”的体制优势，破产风险相对较小，进而使国有企业对其成本尤其是劳动力成本的变化缺乏敏感性，导致了国有企业在创新支出方面的激励不如非国有企业。

投资强度（K）的回归系数均在1%的水平上显著，说明企业研发支出比重会随着投资强度的加大而提高，这与前文的研究结论一致。限于篇幅原因，本章没有进一步检验投资强度（K）在国有企业和非国有企业中是否存在区别，但是，相较于非国有企业，国有企业在融资方面更容易获得政府的支持，不仅融资来源广，融资成本也较低，在创新投资方面也能表现出更多的风险承受能力，然而，国有企业在员工激励方面却因其固有的官僚体制而出现严重的激励不足。这就意味着在国有企业中，创新的要素替代机制起到了更显著的作用，而人力资本的创新效应则在非国有企业中有显著的作用。也就是说，模型（5－1）的研究结论对于国有企业和民营企业都是成立的，只是两者在不同传导渠道上的表现有所差异。

四、本章小结

要素替代效应是以往研究劳动力成本上升影响创新投入的文献中受较多学者公认的一种作用机制。然而，企业的创新活动离不开人力资本的贡献且具有复杂性，因此在研究企业工资增长对创新行为的影响时还应考虑人力资本效应。本章在梳理既有文献的基础上，认为职工工资增长率的相对提升，有利于使企业聚集更优秀的人才，提高创新活动成功的概率，因而具有创新激励效应。也就是说，劳动力成本上升对创新支出行为的影响可能是通过人力资本质量、要素替代效应以及成本激励效应三个渠道传导的。以上市公司 2001 ~ 2018 年的面板数据为基础，我们系统考察了职工工资增长的创新激励效应。

通过实证分析和研究发现，职工工资增长率的提高确实会促进企业增加研发支出的比重，这一研究发现与林炜（2013）、董新兴和刘坤（2016）的研究结论一致。但是，本章分别从要素替代、人力资本提升和成本激励三个角度对职工工资增长对企业创新行为的影响路径进行探析，并且将职工分为高管和普通职工两类，结果发现，随着职工工资增长率的提高，企业将有增加研发支出比重的倾向。但是，从回归系数上看，相较于高管薪酬的增加，提高普通职工工资增长率更有助于增加企业创新行为。此外，企业研发支出比重会随着投资强度、劳动力成本的加大而提高，该结果表明工资增长对企业创新行为影响的作用机制不但可以从要素替代、人力资本提升进行解释，还能从成本激励效应进行分析。进一步地，在加入产权性质因素后发现，国有企业职工工资增长对创新支出方面的激励不如非国有企业，可能的原因在于国有上市公司兼具政府和企业的双重职能，并非追求利润最大化单一目标，加之国有企业因为承担着一些社会性负担和职能，在不同程度上都享有“预算软约束”的体制优势，破产风险相对较小，进而使国有企业对其成本尤其是劳动力成本的变化缺乏敏感性。

第六章　企业工资增长决定机制的实证检验

纵观我国企业职工工资分配制度自中华人民共和国成立以来的历史，可以说，企业职工工资分配制度的改革和发展经历漫长的过程，并随着经济体制的改革而不断成熟。目前，关于职工工资已有较为成熟的理论。如效率工资理论认为，劳动者的工资水平取决于他们的工作效率，高工资又可以激励劳动者提高工作效率。人力资本理论认为职工的人力资本含量是决定其薪酬水平的主要因素，而劳动者的人力资本含量一般由教育程度来衡量，即劳动者的人力资本含量随着其教育水平的提高而提高，而人力资本水平的提升则意味着职工可以掌握更为先进的技术，提高劳动生产率，最终有助于其工资水平的提升。而以市场机制为基础的要素分配理论则认为劳动者的工资应由劳动力的供给和需求决定，但是该理论的提出是以劳动力市场是完全竞争的为前提，然而，实现中的劳动力市场不仅尚未达到完全竞争的状态，还呈现二元分割的格局。因此，要素分配理论未考虑政治、社会制度等因素，仍处于较为理想化的状态。基于各种工资决定理论，工资水平的高低并不是简单地由劳动者的工作效率，劳动者的人力资本质量以及劳动力的供给和需求决定，还包括各种影响市场供需变化的制度性因素等宏观方面的因素。本章拟从宏观和微观两个方面，并辅以相关统计数据和实证检验成果进行分析。

一、企业工资决定及增长机制分析

改革开放前，中国处于计划经济体制时代，实行高度集中的工资管理体制，国家控制着全国人民的工资支付形式，工资完全由国家统一决定，即中央高度集权、高度统一的工资分配政策。其主要特点便是员工之间的收入水平存在较为严重的平均主义以及低工资和高福利。但是，也正因如此，造成了一些不利影响，如员工的积极性不高，国企发展动力不足。随着经济体制改革，工资决定机制发生了相应变革，在政府手中的工资决定权逐步下放给了企业，员工工资可由企业根据劳动力市场供求状况自主决定。企业工资分配制度先是转向员工工资与企业经营效益挂钩、实行奖励工资的分配制度，到现在的由多种要素参与分配，长期与短期激励相结合的分配制度。然而，受市场机制不健全、劳资力量对比悬殊、体制改革不到位等因素的制约，企业职工工资决定机制还尚不健全和完善，缺乏正常的增长机制。具体而言，按期间划分，可以将企业决定机制分为两个阶段。

（一）计划经济体制下的企业工资决定及增长机制：1949～1978年

中华人民共和国成立至改革开放期间，中国处于高度统一的计划经济时期。在该种经济体制下，企业仅作为一个生产组织单位，缺乏生产和经营的独立性。企业职工的工资与企业的盈利能力、劳动者自身因素无关，完全由国家的行政指令决定。也就是说，企业的职工与机关事业单位的职工在工资制定方面无实质性差异，均由国家制定和决定。

在工资的制定过程中，企业职工工资总额由国家有计划地制定和管理，中央一般在年初制定出工资总额，再各省各市各县地逐级下达，年底审计检查时再多退少补。而在工资增长方面，遵循的也是"有计划、按比例"的发展要求，其中，国民经济、国民收入以及劳动生产率等是参考的主要指标。然而，相关资料显示，该工资增长原则只有在"一五"时期得到了遵循。

可以说，计划经济时代的工资政策、工资标准、工资升级时间和工资增量是由国家统一制定和出台。无论企业职工的工作表现如何、劳动繁重程度如何、责任轻重如何以及贡献大小如何，所有企业和职工的工资都只能按照国家规定进行统一的安排、调整、晋升和发放，并未形成一个正常的工资增长机制。

（二）转型时期的企业工资决定机制：1979 年至今

改革开放后，中国国有企业工资分配制度改革了传统的高度集中的工资管理体制，积极稳妥地推进，逐步实现了与国家机关、事业单位工资制度彻底分离，而是围绕着市场取向，由供求关系决定。企业成为其工资分配的主体，实行工资总额与经济效益挂钩的办法，企业内部职工分配、工资增长空间和幅度完全由企业自行决定，并以企业的经济效益作为工资水平决定的主要依据。

随着改革的推进，政府在企业职工工资的管理也进行了改革。中央不再对企业的工资制度的制定以及企业利润分配进行统一规划，而是建立了工资指导线、劳动力市场工资指导价位、人工成本信息指导"三位一体"的企业工资宏观调控指导体系，各企业在这一宏观指导体系自主制定工资制度，可见政府对企业的管理已不再是微观的管理和直接的管理，而是转为宏观的管理和间接的管理。而政府这一举措逐步将企业的工资制度与市场经济相结合。

然而，囿于中国劳动力市场尚未形成健康发展的体系，劳动力市场呈现二元分割的结构，劳动力市场的供给方和需求方之间存在着严重的信息不对称和失衡，强资本、弱劳工的状况持续加剧，不同行业、不同岗位职工的工资水平出现分化，其中，国有企业因其得天独厚的条件以及缺乏有效的监督和约束，导致国有企业和非国有企业职工的工资水平存在更大的差距，因而也受到了社会各界更为广泛的关注。

（三）企业工资增长影响因素分析

梳理现有工资增长影响因素的文献可以发现，外部宏观经济因素无疑是影响企业工资增长的重要因素，如物价水平（Auld，1980；胡放之，2005；张杰和黄泰岩，2010；宋晶和李会敏，2014）、劳动生产率（Blejer 和 Cheasty，1990；Budd 和 Nho，1997；丁元，2007）、失业率（Budd 和 Nho，1997；宁光杰，2007；宋晶和李会敏，2014）。企业自身因素对企业工资增长也具有显著作用，如企业规模（Brown 和 Medoff，1989；Shi，2002；张杰和黄泰岩，2010）、企业利润（Slichter，1950；Kaplinsky，2001）、企业管理水平（张杰和黄泰岩，2010）、企业产权性质（张车伟和薛欣欣，2008；陆正飞等，2012；宋晶和李会敏，2014）管理层持股和董事会持股比例等公司治理因素（Cronqvist 等，2009；Pagano 和 Volpin，2005；陆正飞等，2012）等。此外，个人因素对企业职工工资的影响也不容忽略，尤其是人力资本的作用（Abe，2011；张车伟和薛欣欣，2012），这是因为，即使在不同国家、不同地区和不同行业部门影响程度有所不同，但仍不能否认人力资本是工资差异的决定性因素，这在我国情境下尤为明显，人力资本对不同行业、不同地区、不同所有制结构的企业工资增长有显著差异。有鉴于此，下文将结合已有研究成果，进一步对企业工资增长的决定因素进行实证检验。

二、研究设计

依据前文中企业职工工资决定及增长机制的探讨，设立研究模型，并根据模型中的变量逐一定义并选择替代变量，为实证研究做准备。

（一）计量模型设定

本章以我国 A 股上市公司为样本，在充分了解既有文献对企业层面职工人均工资增长水平因素的研究基础上，结合中国现实背景及本章的需要，深入考察企业层面上企业职工工资增长的影响因素，构造了如下计量模型：

$$WG = \sum_{n=1}^{6} \beta n(FCn) + \sum_{n=1}^{2} \rho n(CGn) + \sum_{n=1}^{6} \lambda n(Extern) + \sum_{n=1}^{3} \sigma n(Contraln) + \varepsilon \quad (6-1)$$

在现实中，职工当期工资水平主要取决于上一期工资状况，因此有必要在模型中引入滞后一期的工资变量作为解释变量。此外，考虑到动态模型能较为有效解决内生性问题，因而本章在静态模型的基础上设立了动态模型。动态模型设定为：

$$WG = \sum_{n=1}^{12} \alpha n WG_{in-1} + \sum_{n=1}^{6} \beta n(FCn) + \sum_{n=1}^{2} \rho n(CGn) + \sum_{n=1}^{6} \lambda n(Extern) + \sum_{n=1}^{3} \sigma n(Contraln) + \varepsilon \quad (6-2)$$

其中，被解释变量为人均工资增长率，以 WG 表示，解释变量分别为企业基本特征 FC、企业治理特征 CG 和外部因素 Extern，控制变量为 Contral。各变量的含义及计算方法见下文。

（二）变量设计

针对模型中涉及的各个变量，我们将逐一进行定义、说明和解释。

1. 被解释变量

本章的重点在于探讨企业职工人均工资增长的决定因素，因此，企业职工人均工资增长率为被解释变量，并细分为高管人均工资增长率和普通职工人均工资增长率，分别标记为 PWG、MWG 和 SWG。

2. 解释变量

参考已有研究，模型中选择了以下因素作为解释变量：

（1）企业基本特征。企业规模（Size）。企业规模对职工工资产生重要影响（Brown 和 Medoff，1989），相对于小企业，大企业为同质的员工能支付更多的工资（Shi，2002）。该变量以年末总资产为基础，取自然对数计算确定。

企业利润增长率（Prof）。一般而言，企业利润水平越高，则平均工资越高。企业利润水平 = 各省（直辖市）企业利润总额/各省（直辖市）企业从业人员数。

企业资本密集度（CI）。高资本劳动比的行业倾向于支付高工资（Lawrence 和 Lawrence，1985）。由于中国劳动力供给大于需求的刚性特征，劳动密集型企业的员工工资相对会低于资本密集型企业，因此，我们需要区分样本企业是采用劳动密集型生产方式还是资本密集型生产方式，并用人均资本量表示，其具体计算方法为企业固定资产净额与企业员工数的比值（张杰和黄泰岩，2010）。

企业生产效率（Tfp）。企业生产效率越高，企业支付员工高工资水平能力相对越强，工资增长的幅度可能就越大。借鉴张杰和黄泰岩（2010）采用的方法，我们也采用企业全要素生产率作为度量企业生产效率的指标，并利用 LP 方法对企业全要素生产率估算。

资本结构（Lev）。风险厌恶的员工将选择低负债企业，而风险偏好的员工将选择高负债企业，高负债企业将支付更高的工资（Berk 等，2009）。该变量以 1 年内到期的长期负债以及长期负债之和与期末资产总额的比率计算确定。

企业产权性质（Ownership）。不同所有制类型的企业，可能因为技术装备水平、生产工艺以及管理能力的差异，对企业员工技能和学历可能有不同的要求，企业人力资本水平就会存在显著差异。相应地，企业员工工资增长水平就会存在差异。

（2）企业治理特征。管理者持股数量（Mshr），以高管人员持股的自然对数衡量。董事会独立性（Indpt），以独立董事数量与董事会人数之比予以衡量。

（3）外部因素。地区生产总值增长率（GDP）。经济增长是社会物质财富不断增加的标志，是影响工资增长的重要因素。本章采用地区生产总值增长率这一指标来描述经济增长率，标记为 GDP，在衡量 GDP 时，以 2001 年为 100，换算为 2001 年为基期的定基序列。

失业率（Unem）。劳动力市场的供求变化是影响工资增长的重要因素，本章选用各省（直辖市）城镇失业率作为衡量失业率的具体指标。

劳动生产率增长率（Prod）。在其他条件不变的情况下，劳动生产率提高，会使劳动的边际产品收益提高，进而会提高工资水平。本章选取各省（直辖市）按增加值计算的劳动生产率作为衡量的具体指标，即劳动生产率 = 各省（直辖市）企业总产值/各省（直辖市）企业从业人员数。

人力资本（Edu）。在人力资本理论中，Mincer（1974）研究了人力资本投资与收入的关系，认为人力资本投资增加是收入增加的重要因素。一般而言，人力资本水平越高，则平均工资越高。本章选用企业科研人员的比率来反映人力资本水平，即科研人员比率 = 各省（直辖市）企业城镇单位科研人员数/各省（直辖市）工业企业城镇单位总从业人员数。

行业竞争性指数（HHI）。行业集中度越高，企业越可能获得高收益，职工也因此更可能获得高薪酬。

最低工资增长率（LWG）。最低工资标准是政府进行劳动力价格管制的一种方式，在我国的情境下，随着《最低工资规定》力度的不断增大，最低工资标准的提升对整体工资分布具有溢出效应。本章采用各省（直辖市）颁布的最低工资标准增长率作为衡量指标。

3. 控制变量

可能还存在一些对企业职工人均工资增长产生影响的控制变量，综合已有研究成果，设置了年度（Year）、省份（Province）和行业（Industry）等控制变量，以控制微观和宏观方面的影响。其中，年份表示时间趋势，可表示企业员工工资水平随时间的自然增长趋势；不同的省份由于经济发展水平不同，因此，生活成本会存在显著差异，这就会导致不同省份工资水平存在差异；不同行业由于技术特征和发展空间不同，也会造成不同行业间工资水平差异。

各变量的具体定义和说明，如表 6－1 所示。此外，需要说明的是，由于在衡量企业职工工资时，已经考虑了通货膨胀因素的影响，而通货膨胀水平一般都用 CPI 衡量，因此，模型中并未加入物价水平变量。

表 6－1　各变量的定义和说明

	变量符号	变量名称及内涵
被解释变量	PWG	职工人均工资增长率，PWG = [t 期全体职工人均工资 －（t－1）期全体职工人均工资]/（t－1）期全体职工人均工资。其中，全体职工人均工资 = 支付给职工以及为职工支付的现金/在职员工数量

续表

	变量符号	变量名称及内涵
被解释变量	MWG	高管人均工资增长率，MWG =［t 期高管人均工资 －（t－1）期高管人均工资］/（t－1）期高管人均工资，高管人均工资 = 高管薪酬总额/（高管总数 － 不领取薪酬的高管数量），高管人员包括企业董事、监事和高级管理人员
	SWG	普通职工人均工资增长率，SWG =［t 期普通职工人均工资 －（t－1）期普通职工人均工资］/（t－1）期普通职工人均工资，其中，普通职工人均工资 =（支付给职工以及为职工支付的现金 － 高管薪酬）/（在职员工数量 － 高管数量），普通职工为除去高管之外的所有职工
解释变量	GDP	地区生产总值增长率，采用地区生产总值增长率进行描述，其计算方法为：t 期某地区 GDP －（t－1）期某地区 GDP/（t－1）期某地区 GDP
	Unem	失业率选用各省（直辖市）城镇失业率作为衡量失业率的具体指标
	Prod	劳动生产率增长率，选取各省（直辖市）按增加值计算的劳动生产率作为衡量的具体指标，即劳动生产率 = 各省（直辖市）企业总产值/各省（直辖市）企业从业人员数
	Edu	人力资本，选用企业科研人员的比率来反映人力资本水平，即科研人员比率 = 各省（直辖市）企业城镇单位科研人员数/各省（直辖市）工业企业城镇单位总从业人员数
	HHI	行业竞争性指数，$HHI = \sum_{n=1}^{22}\left(\frac{Sale}{Tsale}\right)^2$，$Tsales = \sum_{n=1}^{m} Sales$，Sales 为企业年度营业收入，Tsales 为同年度、同行业所有企业营业收入之和，如果同年度企业家数少于 10 家，则 HHI 为空值
	LWG	最低工资增长率，采用各省（直辖市）颁布的最低工资标准增长率作为衡量指标
	Size	企业规模，以年末总资产为基础，取自然对数计算确定
	Prof	企业利润增长率，企业利润增长率 =［t 期企业利润总额 －（t－1）期企业利润总额］/（t－1）期企业利润总额
	Tfp	企业生产效率越高，采用企业全要素生产率作为度量企业生产效率的指标，并利用 LP 方法对企业全要素生产率估算
	CI	企业资本密集度，该变量用企业固定资产净额与企业员工数之比进行衡量

续表

	变量符号	变量名称及内涵
解释变量	Lev	资本结构，以1年内到期的长期负债以及长期负债之和与期末资产总额的比率计算确定
	Mshr	管理者持股数量，以高管人员持股的自然对数衡量
	Indpt	董事会独立性，以独立董事数量与董事会人数之比予以衡量
	Ownership	按照最终控制人性质设置国有企业虚拟变量SOE，如果最终控制人为国有法人、国家政府机关等部门，则SOE取值为1，否则为0。如果最终控制人为个人、私有法人、自治组织等，那么非国有企业虚拟变量POE取值为1，否则为0
控制变量	Year	年度哑变量，按照样本涉及年份N，设立N-1个虚拟变量
	Province	地区哑变量，按照样本涉及31个省份，设30个虚拟变量
	Industry	行业哑变量，按照证监会的分类，除C（制造业）按二级分类，其余按一级分类，共设21个虚拟变量

（三）数据来源与处理

本章计算职工人均工资需要薪酬总额和职工人数总额数据，2001～2018年，能够获得计算职工人均工资（普通职工人均工资和高管人均薪酬工资）的企业样本为25224个。为消除由于职工人数统计口径不一致而可能造成的职工年薪的衡量误差，本章首先分别剔除了职工人均工资增长率最高和最低5%的异常样本3544个，得到符合要求样本21680个。并且，一般情况下高管人均年薪高于普通职工人均年薪，但如果低估普通职工人数可能会导致普通职工人均年薪高于高管人均年薪的情况，故本章剔除了普通职工人均年薪高于高管人均年薪的1700个，得到最终样本19980个。职工工资总额数据来自国泰安年报数据库，职工人数来自国泰安公司治理数据库，其他数据均来自国泰安数据库和《中国统计年鉴》，并以色诺芬数据库数据和《中国民政统计年鉴》作为补充。

（四）描述性统计

基于获得的总样本数据，我们再对其进行描述性统计，以进一步查看和分析样本数据的分布情况，研究数据的描述性统计分析如表 6 – 2 所示。

表 6 – 2 主要考察变量描述性统计

Panel A：职工工资人均增长率的描述						
变量	样本量	均值	标准差	最小值	中值	最大值
PWG	19980	0.0866	0.2407	–0.4275	0.0940	0.5583
MWG	19980	0.1658	0.3793	–0.4663	0.0921	1.0989
SWG	19980	0.0864	0.2459	–0.4379	0.0937	0.5701
SOE	10699	0.5355	0.4987	0	1	1
POE	9281	0.2621	0.4398	0	0	1

Panel B：职工工资增长率按照产权性质分组均值的描述和检验			
	SOE	POE	Diff.
PWG	0.0934	0.0785	–0.0149 ***
MWG	0.1720	0.1598	–0.0112 **
SWG	0.0935	0.0782	–0.0153 ***

注：括号内为系数的单尾检验 p 值，*** 、** 和 * 分别代表 1% 、5% 和 10% 的显著性水平。

表 6 – 2 分别从两个方面对主要考察变量进行了描述性统计。Panel A 对人均工资增长率和企业的产权性质的基本情况进行了描述，结果表明，在样本研究窗口期间，上市企业职工年均工资增长率为 8.66%，高管年均薪酬增长率为 16.58%，普通职工年均工资增长率为 8.64%。就研究样本的股权性质来看，国有企业仍然占据我国资本市场的主体地位。

Panel B 对职工工资增长率按照企业股权性质分组的均值进行了检验。结果显示：第一，国有上市公司样本全体职工工资的增长率 9.34% 显著高于非国有企业的 7.85%；第二，国有上市公司样本高管薪酬的增长率 17.20% 显著高于非国有企业的 15.98%；第三，国有上市公司样本普通职工工资的增长率 9.35% 显著高于非国有企业的 7.82%。

三、检验结果与分析

（一）单位根检验

面板数据的单位根检验主要包括 LLC 检验、IPS 检验、ADF – Fisher 检验和 PP – Fisher 检验等方法。为保证面板数据的稳健性，本章采用这四种方法进行检验，对各个变量的一阶差分值进行检验时，检验结果均显著地拒绝存在单位根的原假设。由此可知，工资增长及其影响因素都是一阶单整序列。

（二）协整检验

在所有变量通过单位根检验后进行协整检验，本章采用的协整检验方法是 KAO 检验，如表 6 – 3 所示，检验结果显示模型拒绝变量不存在协整关系的原假设，即说明各个变量之间存在着协整关系，具有长期相关和稳定均衡关系。

表 6 – 3　KAO 检验

检验方法	t 统计量	p 值
ADF	–9.1045	0.0000

（三）Hausman 检验

对于面板数据的静态模型而言，采用固定效应还是随机效应模型需进行

Hausman 检验，如表 6－4 所示。检验结果显示随机效应模型显著，接受了采用随机效应模型的原假设。检验结果表明，本章采用随机效应模型优于固定效应模型。

表 6－4 Hausman 检验

Hausman 检验	χ^2 统计量	p 值
Cross－Section Random	3. 0000	0. 4597

（四）全样本估计结果

鉴于前文分别设立静态模型和动态模型，下文将采用固定效应估计和随机效应估计对静态模型进行验证，并采用差分广义矩估计和二阶段系统广义矩分析对动态模型进行验证。

1. 静态估计

静态模型的估计结果如表 6－5、表 6－6 和表 6－7 中第（1）列和第（2）列所示。采用固定效应模型和随机效应模型对全体职工工资增长、高管工资增长和普通职工工资增长检验后，估计的结果具有较强的一致性，其中，地区生产总值、劳动生产率、人力资本水平、企业规模、企业生产效率的提高对于各类群体的工资增长都有显著的正向影响，符合期待。

表 6－5 全体职工工资增长影响因素的回归结果

解释变量	静态		动态	
	固定效应	随机效应	差分广义矩估计	二阶段系统广义矩分析
WG（－1）	—	—	0. 3137 *** （0. 0000）	0. 3402 *** （0. 0000）
GDP	0. 3923 *** （0. 0002）	0. 2756 *** （0. 0000）	0. 2013 *** （0. 0000）	0. 2997 *** （0. 0001）

续表

解释变量	静态		动态	
	固定效应	随机效应	差分广义矩估计	二阶段系统广义矩分析
Unem	0. 0326 (0. 7241)	0. 1098 (0. 6874)	0. 0232 (0. 2475)	0. 0245 (0. 5478)
Prod	0. 0134 ** (0. 0030)	0. 0725 *** (0. 0000)	0. 0716 * (0. 0060)	0. 0542 *** (0. 0000)
Edu	0. 0093 ** (0. 0500)	0. 0282 ** (0. 0300)	-0. 0021 (0. 3910)	-0. 0102 (0. 2000)
HHI	0. 6013 *** (0. 0000)	0. 5129 *** (0. 0010)	0. 3302 ** (0. 0410)	0. 5023 * (0. 0680)
LWG	0. 0290 (0. 5633)	0. 0309 (0. 1420)	0. 0403 (0. 1041)	0. 0663 ** (0. 0376)
Size	0. 0846 *** (0. 0000)	0. 0837 *** (0. 0003)	0. 0927 *** (0. 0000)	0. 0913 *** (0. 0000)
Prof	-0. 213 *** (0. 0000)	-0. 0253 ** (0. 0101)	-0. 0310 *** (0. 0000)	-0. 0936 ** (0. 0203)
Tfp	-1. 2490 *** (0. 0000)	-1. 0392 *** (0. 0006)	-1. 3892 *** (0. 0000)	-2. 4920 *** (0. 0000)
Tfp^2	0. 091324 *** (0. 0000)	0. 0982 *** (0. 0000)	0. 0392 *** (0. 0000)	0. 4640 *** (0. 0000)
CI	0. 0213 *** (0. 0000)	0. 0148 *** (0. 0000)	0. 0130 *** (0. 0000)	0. 0098 *** (0. 0000)
Lev	-0. 4865 (0. 5443)	-0. 3583 (0. 5444)	-0. 5239 (0. 2311)	-0. 3887 * (0. 3490)
Mshr	-0. 4687 ** (0. 0032)	-0. 3570 (0. 6543)	-0. 2433 (0. 3219)	-0. 4255 (0. 3210)
Indpt	0. 6832 * (0. 0890)	0. 3826 ** (0. 0500)	0. 3256 (0. 5543)	0. 3257 (0. 5490)
Ownership	0. 0103 ** (0. 0190)	0. 0100 * (0. 0733)	0. 0092 * (0. 0532)	0. 0103 ** (0. 0932)
Year	控制	控制	控制	控制
Province	控制	控制	控制	控制

续表

解释变量	静态		动态	
	固定效应	随机效应	差分广义矩估计	二阶段系统广义矩分析
Industry	控制	控制	控制	控制
R^2	0.3137	0.3425	—	—
AR（1）	—	—	0.0073	0.0069
AR（2）	—	—	0.6023	0.5177
Sargan	—	—	—	0.8521

注：①括号内为系数的单尾检验 p 值，*** 、** 和 * 分别代表 1%、5% 和 10% 的显著性水平；②回归过程中均有观测膨胀因子 VIFs，未发现严重的共线问题。

表 6-6　高管工资增长影响因素的回归结果

解释变量	静态		动态	
	固定效应	随机效应	差分广义矩估计	二阶段系统广义矩分析
MWG（-1）	—	—	0.4788*** (0.0000)	0.4918*** (0.0000)
GDP	0.5011*** (0.0000)	0.6284*** (0.0000)	0.3049*** (0.0000)	0.3944*** (0.0000)
Unem	0.0098 (0.5439)	0.0248 (0.4380)	0.0154 (0.1996)	0.5419 (0.4000)
Prod	0.0998** (0.0150)	0.1225*** (0.0000)	0.0137** (0.0139)	0.0685* (0.0592)
Edu	0.1168* (0.0500)	0.2228** (0.0314)	0.0640 (0.4309)	0.1453* (0.0776)
HHI	-0.2043 (0.3730)	0.4324 (0.2420)	0.2430 (0.3467)	0.2713 (0.6374)
LWG	0.9523 (0.7521)	0.8401 (0.4253)	-0.36995 (0.4543)	-0.1046 (0.3766)
Size	0.0977** (0.0500)	0.1254*** (0.0000)	0.2651*** (0.0000)	0.3682*** (0.0000)
Prof	0.0231*** (0.0003)	0.0492** (0.0310)	0.8541* (0.0683)	0.4652*** (0.0000)

续表

解释变量	静态		动态	
	固定效应	随机效应	差分广义矩估计	二阶段系统广义矩分析
Tfp	-2.1309*** (0.0004)	-2.1009*** (0.0000)	-1.2544*** (0.0000)	-1.2907*** (0.0000)
Tfp^2	0.0130*** (0.0000)	0.0214*** (0.0000)	0.0230*** (0.0000)	0.3527*** (0.0000)
CI	0.0460** (0.0124)	0.0403*** (0.0000)	0.3101*** (0.0005)	0.4652** (0.0200)
Lev	1.1330* (0.030)	1.3453* (0.0601)	0.7851* (0.0750)	0.4352** (0.0191)
Mshr	0.0366** (0.0233)	0.0236** (0.0350)	0.1304* (0.0716)	0.3221*** (0.0000)
Indpt	-0.1305* (0.0710)	-0.1360** (0.0321)	-0.4760* (0.0600)	-0.4360* (0.0625)
Ownership	0.1476** (0.0190)	0.1843*** (0.0001)	0.473*** (0.0000)	0.4091*** (0.0000)
Year	控制	控制	控制	控制
Province	控制	控制	控制	控制
Industry	控制	控制	控制	控制
R^2	0.2409	0.2301	—	—
AR (1)	—	—	0.0034	0.0036
AR (2)	—	—	0.4196	0.6013
Sargan	—	—	—	0.7846

注：①括号内为系数的单尾检验 p 值，***、**和*分别代表 1%、5%和 10%的显著性水平；②回归过程中均有观测膨胀因子 VIFs，未发现严重的共线问题。

表 6-7 普通职工工资增长影响因素的回归结果

解释变量	静态		动态	
	固定效应	随机效应	差分广义矩估计	二阶段系统广义矩分析
SWG (-1)	—	—	0.4532*** (0.0000)	0.2915*** (0.0000)

续表

解释变量	静态		动态	
	固定效应	随机效应	差分广义矩估计	二阶段系统广义矩分析
GDP	0.3010 ** (0.0500)	0.3570 *** (0.0002)	0.0625 * (0.0500)	0.0627 ** (0.0390)
Unem	0.0235 * (0.0654)	0.0232 (0.3562)	0.0603 (0.5623)	0.0612 * (0.0622)
Prod	0.0658 ** (0.0432)	0.0685 *** (0.005)	0.0465 * (0.0559)	0.0436 ** (0.0240)
Edu	0.0324 ** (0.0110)	0.0191 *** (0.0000)	-0.0108 (0.2100)	-0.0231 * (0.0560)
HHI	0.6709 *** (0.0000)	0.6813 *** (0.0000)	0.4018 * (0.0600)	0.4467 * (0.0810)
LWG	-0.4326 (0.1476)	-0.4465 (0.3280)	-0.2489 (0.4063)	-0.2325 (0.3244)
Size	0.0501 *** (0.0000)	0.0686 *** (0.0000)	0.1763 ** (0.0430)	0.8320 *** (0.0010)
Prof	-0.0514 ** (0.0282)	-0.0498 * (0.0812)	-0.3652 ** (0.0411)	-0.3651 * (0.0700)
Tfp	-1.4701 *** (0.0000)	-1.2473 ** (0.0254)	-0.4730 * (0.0531)	-0.7301 ** (0.0200)
Tfp^2	0.3568 ** (0.0352)	0.0469 *** (0.0000)	0.4574 *** (0.0000)	0.4504 ** (0.0352)
CI	0.7658 ** (0.0355)	0.4755 ** (0.0134)	0.0328 *** (0.0000)	0.0602 ** (0.0404)
Lev	0.6212 * (0.0810)	0.4361 (0.4345)	0.8570 (0.8741)	0.7322 (0.5201)
Mshr	-0.0448 * (0.0665)	-0.0436 * (0.0205)	-0.7663 * (0.0692)	0.7450 (0.4700)
Indpt	0.0442 (0.5443)	0.0399 (0.4334)	0.2433 (0.4098)	0.2460 (0.4732)
Ownership	0.6233 *** (0.0000)	0.5487 *** (0.0000)	0.6721 ** (0.0364)	0.5763 *** (0.0000)

续表

解释变量	静态		动态	
	固定效应	随机效应	差分广义矩估计	二阶段系统广义矩分析
Year	控制	控制	控制	控制
Province	控制	控制	控制	控制
Industry	控制	控制	控制	控制
R^2	0.3554	0.3677	—	—
AR（1）	—	—	0.0096	0.0087
AR（2）	—	—	0.6283	0.6975
Sargan	—	—	—	0.8044

注：①括号内为系数的单尾检验 p 值，***、** 和 * 分别代表 1%、5% 和 10% 的显著性水平；②回归过程中均有观测膨胀因子 VIFs，未发现严重的共线问题。

具体地，对于我国上市公司而言，地区的经济增长对企业的工资增长具有较强的影响，地区生产总值增长率（GDP）提高 1 个百分点，企业职工、高管和普通职工工资的增长率分别提高 0.3853 个、0.6284 个和 0.3570 个百分点；劳动生产率（Prod）提高 1 个百分点，企业全体职工、高管和普通职工工资的增长率分别提高 0.0725 个、0.1225 个和 0.0685 个百分点，这说明了合理的工资上涨速度与劳动生产率的增长是较为同步的；人力资本水平（Edu）提高 1 百分点，企业职工、高管和普通职工工资的增长率分别提高 0.0282 个、0.2228 个和 0.0191 个百分点，说明职工教育水平的提高，有助于提高自身工资，且对于高管来说，尤为显著和明显；企业规模（Size）提高 1 个百分点，企业全体职工、高管和普通职工工资的增长率分别提高 0.0837 个、0.1254 和 0.0686 个百分点，说明企业规模越大，职工工资增长的空间就越大。

企业资本密集度（CI）与各类群体工资增长之间呈现出显著正向关系，这表明越是资本密集型企业越倾向于提升企业员工更高的工资水平；相反，越是劳动密集型企业越支付给企业员工相对更低的工资水平。企业产权性质

（Ownership）与各类群体工资增长之间呈现显著正向关系，这表明国有企业的职工工资增长显著地高于非国有企业，这不仅与前文的数据行描述相一致，也与我们的预期相一致。企业生产效率（Tfp）和企业各类群体工资增长之间呈现出显著的倒“U”形关系，这个结果表明，全要素生产率相对较低的企业的人均工资增长幅度较大，而全要素生产率处于中等地位企业的人均工资增长幅度相对较低，而全要素生产率较高的企业的人均工资增长幅度则相对较高。这可能是因为全要素生产率相对较低的企业由于竞争力较低，企业发展前景不明确，因而对企业员工的吸引力和凝聚力较低，因此，只有付出相对较高的人均工资才能吸引到足够数量和技术能力的企业员工。而对于全要素生产率相对较高的企业来说，由于企业竞争力较强，一方面企业有支付企业员工相对较高工资的实力，另一方面全要素生产率相对较高的企业更有可能有技术创新研发活动或较为先进的生产设备和工艺，出于吸引高技能、高素质员工的“效率工资+战略目的”可能更倾向于支付企业员工相对较高工资水平。

然而，企业利润率（Prof）提高1个百分点，高管工资增长率上升0.0492个百分点，企业职工工资和普通职工工资的增长率却分别降低0.0253个和0.0498个百分点，这个结果不符合期待，但与我国劳动力市场供大于求的现状有较大关系，普通劳动者在这一现状下没有分享到企业的利润，这表明在劳资双方的博弈中劳动者仍属于弱势群体。行业竞争水平（HHI）并未对高管薪酬的增长产生影响，这可能是因为高管与普通职工的工资机制存在差别导致，高管薪酬的增长更多地取决于企业绩效，且高管本身就属于稀有人才，不受限于行业。但是，高管薪酬的增长会受到高管持股比例（Mshr）以及董事会独立性（Indpt）的约束，一般而言，高管持股比例越多，其努力工作，提升公司业绩的可能性就越大，进而增加自己的薪酬，而高管薪酬的确定须经董事会批准，因此，董事会的独立性越高，高管薪酬的增长幅度就会越小，以平衡其与普通职工的工资差距。

失业率（Unem）对工资增长率的影响并不显著，且符号与期待的也不一致，从数据角度来看，各省份的城镇失业率变化不大，对于工资增长率影响也不显著。最低工资增长率对工资增长率的提高影响不显著，可能与工资黏性有关。

2. 动态估计

工资增长具有动态效应，工资增长的滞后项可以反映上期工资增长对当期工资增长的持续影响。本章将被解释变量的滞后一期作为工具变量加入到动态模型当中，但被解释变量滞后一期可能与随机扰动项相关，为了更好地解决动态面板数据产生的内生性问题，本章采用广义矩估计（GMM），包括差分广义矩估计和系统广义矩估计，表6－5、表6－6和表6－7中第（3）列和第（4）列分别汇报了对动态模型进行差分GMM和系统GMM的估计结果。检验结果显示，差分GMM模型和系统GMM模型均通过了自回归检验和过度识别约束检验（Sargan检验），说明模型的工具变量选择合理，且不存在二阶序列自相关，表明模型可以被接受。

估计结果显示，被解释变量的滞后一期对工资增长存在显著的正向影响，说明上期工资增长率对当期工资增长率的影响较大，工资存在一定程度的黏性，职工、高管和普通职工上期工资增长率提高1个百分点，则当期工资增长率分别提高0.3402个、0.4918个和0.2915个百分点。与此同时，地区GDP水平和劳动生产率（Prof）对工资增长的影响仍较为显著，但系数有所下降，这可能与工资黏性的作用有关。由于加入工资黏性的影响，员工的教育水平（Edu）、行业竞争水平（HHI）和最低工资水平（LWG）的影响不显著，可以说明工资黏性的作用较为显著。此外，其他因素与静态模型相似。

（五）子样本估计结果

为了进一步对前文的结果进行验证，下文将进行子样本估计。在子样本的划分上，我们选择了国有企业子样本和非国有企业子样本。之所以这样选择，主要基于以下三个方面的考虑：第一，赖德胜（1998）和 Maurer – Fazio（1999）的研究表明，工资在所有制层面的分割是我国经济转轨阶段的基本特征之一；第二，国有企业和非国有企业在经营目标、外部环境和公司治理等方面存在巨大差别；第三，张车伟和薛欣欣（2008）、张杰和黄泰岩（2010）、陆正飞等（2012）的研究结论发现不同股权性质企业职工之间的工资差异非常显著。基于此，下文将对国有企业与非国有企业子样本进行估计。

总体样本模型中所有变量都通过了一阶差分值的单位根检验，对于不同所有制子样本，本章进行协整检验（KAO 检验）以及 Hausman 模型设定检验，检验结果如表 6 – 8 所示。KAO 检验结果显示，不同所有制企业模型均拒绝变量不存在协整关系的原假设，即说明各个变量之间存在着协整关系。Hausman 检验结果显示，国有企业和非国有企业均接受原假设，采用随机效应模型。检验结果表明，在估计方法的选择上，子样本各个模型的确定与全部样本模型相同，静态模型采用随机效应模型，且各个模型拟合较好；而动态模型均通过了自回归检验（AR 检验）和过度识别约束检验（Sargan 检验），表明模型设定是合理的。

表 6 – 8　子样本协整检验及 Hausman 检验

所有制	国有企业		非国有企业	
KAO 检验	t 统计量	p 值	t 统计量	p 值
ADF	– 8. 5671	0. 0000	9. 3842	0. 0000
Hausman 检验	χ^2 统计量	p 值	χ^2 统计量	p 值
Cross – Section Random	7. 1808	0. 5385	8. 6251	0. 5237

1. 国有企业样本

表 6 – 9 中第（1）列至第（3）列和第（4）列至第（6）列分别给出了

国有企业子样本中全体职工、高管以及普通职工人均工资增长的静态随机效应模型和动态系统 GMM 模型的估计结果。

表 6-9　国有企业子样本估计结果

变量	静态随机效应			动态两阶段系统广义矩估计		
	全体职工	高管	普通职工	全体职工	高管	普通职工
WG（-1）	—	—	—	0.3137*** （0.0000）	—	—
MWG（-1）	—	—	—	—	0.4847*** （0.0000）	—
SWG（-1）	—	—	—	—	—	0.2837*** （0.0000）
GDP	0.3610*** （0.0030）	0.4250*** （0.0000）	0.3376*** （0.0000）	0.4565*** （0.0000）	0.5565*** （0.0000）	0.3870*** （0.0000）
Unem	-0.0435* （0.0601）	-0.0104* （0.0640）	-0.0098** （0.0304）	-0.0603* （0.0610）	-0.0105 （0.6743）	-0.0943* （0.0670）
Prod	0.0330 （0.5243）	0.0282* （0.0532）	0.0325** （0.0452）	0.0310** （0.0320）	0.0415** （0.0350）	0.0207* （0.0574）
Edu	0.0543* （0.0700）	0.0360** （0.0113）	0.0217** （0.0300）	0.0210 （0.4532）	0.0413 （0.7088）	0.0560 （0.4743）
HHI	0.2346 （0.8432）	0.3517 （0.0143）	0.3912 （0.5701）	0.0786 （0.5733）	0.1176 （0.2311）	0.2138 （0.7934）
LWG	0.0762 （0.4121）	0.0610* （0.0710）	0.2352 （0.4574）	0.0621 （0.2145）	-0.2355 （0.4702）	0.0782 （0.5439）
Size	0.0686* （0.0701）	0.0654** （0.0307）	0.0543* （0.0770）	0.0385* （0.0654）	0.1306* （0.0765）	0.0837** （0.0430）
Prof	-0.0231* （0.0722）	0.0811** （0.0321）	-0.0352* （0.0821）	-0.0693* （0.0511）	0.2455 （0.4053）	-0.0632 （0.4432）
Tfp	-1.3123** （0.0330）	-2.0352** （0.0422）	-1.4684** （0.0110）	-0.0311** （0.0405）	-0.0771** （0.0210）	0.0852* （0.0723）

续表

变量	静态随机效应			动态两阶段系统广义矩估计		
	全体职工	高管	普通职工	全体职工	高管	普通职工
Tfp^2	0.0415** (0.0500)	0.0155** (0.0320)	0.0345** (0.0335)	0.0436** (0.0231)	0.0459** (0.0304)	0.0520** (0.0104)
CI	0.0431* (0.0535)	0.0342** (0.0109)	0.0265* (0.0775)	-0.0275 (0.4694)	-0.0654 (0.3551)	-0.0532 (0.3122)
Lev	-0.0408* (0.0645)	0.0309** (0.0320)	-0.0136 (0.5771)	-0.1365* (0.0601)	-0.0548 (0.5122)	0.0310 (0.5651)
Mshr	0.0532 (0.3763)	0.0413 (0.2713)	0.0254 (0.2650)	0.0476 (0.3627)	0.0329 (0.3410)	0.0237 (0.3465)
Indpt	0.0365 (0.4662)	-0.4673 (0.3664)	0.3409 (0.3109)	0.3254 (0.4390)	-0.4331 (0.2190)	0.2432 (0.1446)
Year	控制	控制	控制	控制	控制	控制
Province	控制	控制	控制	控制	控制	控制
Industry	控制	控制	控制	控制	控制	控制
R^2	0.3001	0.3100	0.3415	—	—	—
AR（1）	—	—	—	0.0002	0.0005	0.0001
AR（2）	—	—	—	0.6624	0.8021	0.8322
Sargan	—	—	—	0.2021	0.3770	0.3154

注：①括号内为系数的单尾检验 p 值，***、**和*分别代表1%、5%和10%的显著性水平；②回归过程中均有观测膨胀因子 VIFs，未发现严重的共线问题。

对于表6-9列示的国有企业样本而言，地区生产总值、劳动生产率、人力资本水平和企业规模对职工工资增长率具有显著的正向影响。动态模型结果显示，上期工资增长率对当期工资增长率的影响较大，企业职工、高管和普通职工上期工资增长率提高1个百分点，则当期工资增长率分别提高0.3137个、0.4847个和0.2837个百分点。与此同时，受工资黏性作用的影响，各类群体工资增长受地区GDP水平、劳动生产率和企业规模的影响仍然较为显著。其中，GDP水平提高1个百分点，企业职工、高管和普通职工工资的增长率分别提高0.4565个、0.5565个和0.3870个百分点；劳动生产率提高1个百分点，企业职工、高管和普通职工工资的增长率分别提高0.0310个、0.0415个和0.0207个百分点；企业规模水平提高1个百分点，国有企业职工、高管和普通职工工资的增长率分别提高0.0385个、0.1306个和0.0837个百分点；企业生产效率（Tfp）和各类群体工资增长之间仍然呈现出显著的倒"U"形关系；在工资黏性的作用下，最低工资增长率、人力资本水平、企业利润和企业资本密集度不显著。

2. 非国有企业样本

表6-10中第（1）列至第（3）列和第（4）列至第（6）列分别给出了非国有企业子样本中全体职工、高管以及普通职工人均工资增长的静态随机效应模型和动态系统GMM模型的估计结果。

表6-10 非国有企业子样本估计结果

变量	静态随机效应			动态两阶段系统广义矩估计		
	全体职工	高管	普通职工	全体职工	高管	普通职工
WG（-1）	—	—	—	0.5310*** (0.0000)	—	—
MWG（-1）	—	—	—	—	0.6738*** (0.0000)	—
SWG（-1）	—	—	—	—	—	0.5637*** (0.0000)
GDP	0.4705*** (0.0000)	0.3157*** (0.0000)	0.3044*** (0.0000)	0.4501*** (0.0000)	0.5229*** (0.0000)	0.3249*** (0.0002)
Unem	-0.0322** (0.0322)	-0.0079* (0.0610)	-0.0721*** (0.0000)	-0.0474*** (0.0005)	-0.0079** (0.0441)	-0.0952** (0.0330)
Prod	0.0248* (0.0801)	0.0237*** (0.0004)	0.0258** (0.0220)	0.0492 (0.4611)	0.0543 (0.6471)	0.0221 (0.6974)
Edu	0.0438* (0.0506)	0.0463** (0.0225)	0.0225** (0.0440)	0.0225*** (0.0000)	0.0295*** (0.0001)	0.0497*** (0.0000)

续表

变量	静态随机效应			动态两阶段系统广义矩估计		
	全体职工	高管	普通职工	全体职工	高管	普通职工
HHI	0.0467* (0.0730)	0.0316** (0.0163)	0.0443** (0.0220)	0.0312** (0.0357)	0.0466*** (0.0000)	0.0363*** (0.0000)
LWG	0.0403 (0.7307)	0.0610* (0.0880)	0.0460** (0.0239)	0.0732 (0.7548)	-0.4021 (0.5421)	0.0211** (0.0110)
Size	0.0547* (0.0650)	0.0675** (0.0350)	0.0476* (0.0665)	0.0574* (0.0761)	0.1128** (0.0405)	0.0711* (0.0800)
Prof	-0.0009* (0.0655)	0.3332*** (0.0000)	-0.01052* (0.0610)	-0.0206* (0.0511)	0.2236*** (0.0000)	-0.0250* (0.0430)
Tfp	-1.3125** (0.0216)	-3.4011*** (0.0000)	-1.5310** (0.0304)	-0.0426** (0.0335)	-0.0574** (0.0333)	0.0665* (0.0760)
Tfp^2	0.0283** (0.0321)	0.0402** (0.0500)	0.0453** (0.0421)	0.0334** (0.0256)	0.0301** (0.0436)	0.0309** (0.0265)
CI	0.2121 (0.6523)	0.0362 (0.7554)	0.0743 (0.4360)	-0.0262 (0.1009)	-0.0430 (0.1764)	-0.0360 (0.3201)
Lev	-0.0492 (0.4192)	0.0162 (0.6550)	-0.0415 (0.7430)	-0.4063 (0.6743)	-0.7655 (0.6703)	0.0574 (0.6738)
Mshr	0.3244 (0.3722)	0.0245*** (0.0007)	0.2341 (0.4367)	0.05542 (0.4918)	0.0209*** (0.0000)	0.0613 (0.3452)
Indpt	0.0322* (0.0622)	-0.0845** (0.0330)	0.0763* (0.0444)	0.0311* (0.0573)	-0.0658** (0.0446)	0.0650** (0.0311)
Year	控制	控制	控制	控制	控制	控制
Province	控制	控制	控制	控制	控制	控制
Industry	控制	控制	控制	控制	控制	控制
R^2	0.4322	0.4268	0.4356	0.4116	0.4122	0.4147
AR（1）	—	—	—	0.0006	0.0004	0.0003
AR（2）	—	—	—	0.4301	0.4630	0.4116
Sargan	—	—	—	0.3286	0.4521	0.4654

注：①括号内为系数的单尾检验 p 值，***、** 和 * 分别代表 1%、5% 和 10% 的显著性水平；②回归过程中均有观测膨胀因子 VIFs，未发现严重的共线问题。

对于表6－10列示的非国有企业样本而言，地区生产总值、劳动生产率、人力资本水平和企业规模对职工工资增长率具有显著的正向影响。动态模型结果显示，上期工资增长率对当期工资增长率的影响较大，企业职工、高管和普通职工上期工资增长率提高1个百分点，则当期工资增长率分别提高0.5310个、0.6738个和0.5637个百分点。与国有企业相同，受工资黏性作用的影响，各类群体工资增长受地区GDP水平、失业率、企业规模和人力资本水平的影响仍然较为显著。其中，GDP水平提高1个百分点，企业职工、高管和普通职工工资的增长率分别提高0.4501个、0.5229个和0.3249个百分点；失业率提高1个百分点，企业职工、高管和普通职工工资的增长率分别降低0.0474个、0.0079个和0.0952个百分点；企业规模水平提高1个百分点，企业职工、高管和普通职工工资的增长率分别提高0.0574个、0.1128个和0.0711个百分点；人力资本水平提高1个百分点，非国有企业职工、高管和普通职工工资的增长率分别提高0.0225个、0.0295个和0.0497个百分点；企业生产效率（Tfp）和各类群体工资增长之间仍然呈现出显著的倒"U"形关系。此外，相对于国有企业来说，行业竞争力、高管持股比例以及董事会独立性对高管薪酬增长率更具影响力。

不同所有制企业子样本的估计结果表明，上期工资增长率对当期工资增长率的正向影响显著，尤其在非国有企业样本中的作用更为明显。在所有的影响因素之中，工资黏性的影响最大，可以说明工资具有"棘轮效应"。地区生产总值增长水平、人力资本水平和企业规模是影响工资增长的重要因素，其中，地区生产总值增长水平的影响最为显著，不同所有制企业的影响程度虽有不同，但总体差异并不是很大。由于国有企业员工流动性较小，失业率对国有工业企业工资增长的影响较为显著，而非国有企业员工流动性较大，城镇失业率数据变动不大，对工资影响也不显著。

四、稳健性检验

为确保研究结论的可靠性，下文将通过或改变工资的衡量方式，或进一步控制职工教育背景、企业生产效率和规模的影响之后考察国有股权性质对工资的影响，结果均显示，前文的研究结论依然不变①，说明本章的结论非常稳健。

第一，改变工资的衡量方式。以“应付薪酬”科目明细计算职工人均工资的检验。本章主要采用现金流量表中“支付给职工以及为职工支付的现金”作为薪酬总额的替代，这一项目基本包括了企业实际支付给职工的各种形式的工资，但不包括支付给离退休人员的各种费用和为“在建工程人员”支付的现金。为确保研究结果的可靠性，本章运用新会计准则颁布之后的“应付薪酬”项目明细计算出应计会计制下的人均工资，作为职工工资的替代。回归结果与前文较为一致，说明本章的结论不受工资计算方法的影响。

第二，控制企业年龄因素影响的检验。按照企业生命周期理论，当企业刚成立时，处于规模成长和学习曲线的初级阶段，此时企业生产效率较低，随着企业投资增加与规模扩张，企业通过“干中学”逐步实现规模经济，达到学习曲线的成熟期，企业生产率达到最高峰，此后，随着企业生产设备的老化落后以及生产、组织与管理方式的落伍，企业生产效率会处于下降阶段，企业职工工资增长水平也应该遵循企业生命周期理论。因此，进一步控制企业生产效率因素之后的结果会更稳健。回归结果与前文较为一致。

① 受限于篇幅，该部分回归结果没有在文中列示。

第三，控制企业规模因素影响的检验。已有研究表明，大企业付更高工资的职工（Brown 和 Medoff，1989）。因此，为进一步控制规模因素影响，本章将研究样本按照公司规模四分位分组之后回归。结果显示，各区间内结果依然与前文保持一致，说明本章的结论非常稳定。

五、本章小结

本章分别建立了静态和动态面板数据模型，对中国 2001 ~ 2018 年上市公司全体职工、高管和普通职工三种群体工资增长影响因素进行实证研究。通过研究发现，动态模型中加入的工资增长的滞后项，无论是在全部样本还是在各个子样本研究中都通过了有效性检验且显著性水平较高。无论是静态模型还是动态模型，解释变量的系数、符号和有效性检验的经验结论都较为一致。在经验分析中需要考虑工资增长滞后项，以动态模型的结果进行解释。研究结果显示在工资黏性的显著影响下，地区生产总值和劳动生产率的提高对于工资增长的影响较为显著，可以认为工资黏性、地区生产总值和劳动生产率是工资增长的重要影响因素。与此同时，工资增长速度经过了高速增长的过程之后，随着经济增长速度的控制已经放缓了速度，这也表明经济因素在我国企业工资增长中仍占重要地位。此外，资本密集型企业职工的工资增长水平更为显著，这也为我们提供的一个政策调整思路，要提高中国企业层面的人均工资收入，必须从改变中国企业严重依赖劳动密集型生产方式，提高中国企业资本密集度。

研究还发现，不同所有制企业工资增长的影响因素也有较大差异。在国有企业中，工资黏性、地区生产总值和劳动生产率仍是工资增长的重要影响因素，由于国有企业对于员工的人力资本投资较高，员工的流动性较低，失业率和人力资本水平对国有企业工资增长有较为显著的影响。然而，无论是总体样本还是子样本企业，企业利润对普通职工工资增长的影响都不显著或负显著，对高管工资增长的影响显著为正，这与企业利润分配失衡，不能和员工共享收益有关。因此。我们认为，完善企业工资增长机制，建立工资增长与企业利润的互动机制十分必要。

第七章　建立我国企业职工工资正常增长机制的原则与对策

建立工资正常增长机制是一项民心工程，也是一项长期工程，需要在实践中不断探索和完善。建立健全企业职工工资正常增长机制是在市场经济宏观调控下，对企业提出的必然要求。我们企业应主动把此项工作纳入企业正常管理轨道，寻找切入点和突破口。通过健全制度为职工增加收入创造良好的制度环境，确保各项增收措施落实到位，实现企业职工工资持续、稳定、较快增长。从全书的研究过程来看，完善企业工资增长机制十分必要，本书根据研究结论给出如下建议。

一、建立健全企业职工工资增长机制的原则

合理的职工工资增长机制对于激励职工努力工作，稳定企业职工队伍，促进社会、民生的和谐具有非常重要的意义。因此，企业应制定合理的职工工资增长机制，保证职工工资在增长的过程中有章可循，实现科学化、规范化的增

长，应与经济发展趋势、物价上涨水平等宏观环境的变化相协调。也就是说，工资总额、平均工资的增长只是职工工资增长机制制定的部分参考依据，实际购买力的增长也应被纳入该机制之中。然而，研究发现，企业现有工资增长机制存在着诸多不合理，其中，高管和普通职工在工资增长方面存在着更为显著的差距。这也就意味着在健全企业职工工资增长机制时不仅应同时注重效率和公平，还应将按劳分配与多重分配方式有机结合。

（一）在注重效率的基础上注重公平

改革现有收入分配体制是建立健全企业职工工资增长机制的本质，即调整收入分配秩序，逐步缩小居民收入分配的差距，实现和谐稳定的经济社会。然而，要实现这一改革目标，需要有明确的方向，具体可以分别从高收入群体、中等收入群体和低收入群体收入改革着手，例如，对于高收入者，应采取杜绝非法收入和削减高收入两种举措；对于中等收入群体，应进一步扩大中等收入群体的比重；对于低收入者，应通过各种措施增加他们的收入来源，最终形成“橄榄形”的收入分配格局。但是，政府与市场良性互动是实现各个具体目标的首要前提，即企业内部工资分配机制应在劳动力市场自主调节的基础上再参照工资指导线、最低工资制度等政府各宏观调控的政策制定。从宏观层面来看，应提高劳动报酬份额占初次分配的比重；从微观层面来看，普通职工的工资增长应实现与利润增长的和谐发展，即普通职工应分享其为企业创造的利润，逐步增加普通职工的公平感。

（二）将按劳分配与多重分配方式有机结合

党的十六大报告明确指出，“确立劳动、资本、技术和管理等生产要素按贡献参与分配的原则，完善按劳分配为主体、多种分配方式并存的分配制度”。党的十七大报告进一步指出，“要坚持和完善按劳分配为主体、多种分配方式并存的分配制度，健全劳动、资本、技术和管理等生产要素按贡献参与分配的制度”“创造条件让更多群众拥有财产性收入”。结合收入分配的历史经验，从现代产权体制与劳动者权益两个方面着手，努力探索收入分配新形式新方法，是建立健全国有企业职工工资正常增长机制的有效途径。党的十九大报告指出，“要坚持按劳分配原则，完善按要素分配的体制机制，促进收入分配更合理、更有序。鼓励勤劳守法致富，扩大中等收入群体，增加低收入者收入，调节过高收入，取缔非法收入”。

对于国有企业来说，应积极引导生产资料所有权和经济产权的分离，以削弱生产资料拥有者对日常生产经营的唯一决策权，转为以多项权利代表方计提决定。其中，经济权利包括剩余索取权、收入分配权、经营决策权等多项权利。在这一权利转换过程中，实际上让普通职工积极参与公司的日常经营决定，这对于他们自己利益和公司利益的协调起到正向作用，进而在一定程度上缓解了普通职工与高管之间的利益冲突。例如，企业可以推行员工持股计划，允许职工以一定价格购买公司的部分股票，让职工既是企业的劳动者，但同时也是企业的股东，拥有一定的管理权，实现劳动与资本的一体化，职工与企业的共赢。

二、建立健全企业职工工资增长机制的具体路径

虽然我国的劳动力市场尚未形成完全竞争状态，但是劳动力的市场供求关系，劳动力的自身能力仍能影响劳动力的工资水平。马克思认为，劳动者的工资不仅由劳动力的生理界限决定，还由社会历史界限来决定。当社会整体的生产力水平提升时，劳动者增加的工资应等于社会总财富的增长。然而，在现实

中，劳动者工资的上涨并不就意味代表着其真正工资水平的增加，增加的部分仅是临时性地、短暂地分享了社会财富，并没有形成长期的、稳定的分享，因此，有必要探析企业职工工资增长的具体路径，实现工资对于社会财富的真正分享。

（一）实现职工工资与企业利润和物价水平同步增长

企业在制定职工工资增长机制时可以参照以下指标：一是职工的劳动力表现和价值，从公平的角度来看，劳动者的每一份付出和贡献都应有对应的报酬，这也是收入分配制度合理化的具体体现。二是企业自身的经营业绩。利润最大化是每个企业所追求的最终目标，而企业的利润不仅需要土地、资本要素投入，更需要劳动力要素的投入，即企业的利润在一定程度上是由劳动者创造的，一般情况下，管理层的薪酬与企业利润水平之间具有较紧密的联系，而普通职工却在很大程度上与企业利润水平缺乏联系。为了体现公平，缩小高管和普通职工薪酬差距，并激励职工努力工作，有必要将普通职工的工资增长与企业的利润增长相挂钩。具体可以通过现金、股票股利和股票期权的组合方式进行让职工参与企业利润的分配，如“现金”“现金＋股票股利”“现金＋股票期权”等，然而，各种支付方式的比重还需要进一步研究，职工的年龄、资历、技能水平等可作为参照线，不同的企业应根据自身的实际发展及战略情况再具体制定。

另外，企业也应从现代企业制度出发，将股东、管理层和普通职工三方具有不同利益的主体在合理的激励和约束的作用下形成一个利益共同体。相较于股东和管理层而言，普通职工的人数最多，其工资薪酬的水平不仅受市场、经济等宏观因素的影响，还受企业内部各绩效考核指标的影响。通常情况下，企业的绩效考核指标由企业的管理层综合考虑企业目标、企业文化、社会愿景、资源分配情况等因素，制定出科学、公正的各项绩效考核指标。而企业在制定工资机制时应以企业各期利润状况为参照线，确保企业在实现利润的情况下，除了股东和管理层能分享该利润，普通职工也能参与到利润的分享。研究发现，普通职工能参与较高比重利润分享，对于释放职工工作潜能和提高工作积极性具有显著的促进作用，最终将进一步促进公司的稳定发展壮大，形成“共赢”的良性发展。职工工资主要包括基本工资和奖金两个部分。相比较而言，基本工资是一个相对固定且较稳定的金额，而奖金则具有较大的弹力幅度，一般情况下，奖金金额主要与职工的劳动生产率相联系，也会取决于企业当年的利润，劳动生产率越高，其奖金金额也相应地较高。此外，在普通职工“基本工资+奖金”这一工资的基本结构中，基本工资是较能体现收入分配公平化的部分，也是企业普通职工最关注的地方。因此，有计划地提高职工的基本工资也能提高职工的劳动潜能。

通货膨胀导致了利率具有名义利率和实际利率之分，通货膨胀也同样造成了工资存在名义工资和实际工资。然而，造成名义工资和实际工资差异性的除了通货膨胀率，还包括物价变动等因素。食品等生活资料价格的上涨以及医疗、教育、住房等资源成本的提高，间接地加重了职工的生活负担，也推动了整体工资水平的上涨。工资水平受到了通货膨胀率和物价水平的影响。因此，在制定职工工资增长机制时应考虑通货膨胀率和物价变动率的影响，保证职工工资增长与物价的上涨相适应，避免工资增长率与通货膨胀增长率的不一致性，使职工的购买力、生活水平尽量保持稳定。也就是说，工资增长不能仅停留在名义工资的层面上，而应是实际工资水平的增长，这样才能科学合理地制定工资增长。

（二）加强政府对国有企业工资的合理调控

研究发现，国有企业和非国有企业的职工工资是存在一定差距，且高管与普通职工之间也同样存在着较大出现这一现象的原因，不仅体制的原因，还因为资源的分布不公平。处于垄断地位的国有企业，其收入分配状况从微观层面看与广大职工的生活水平紧密相连，从宏观上看还与社会经济的和谐稳定息息相关。因此，政府应加强对国有企业，尤其是垄断性国有企业在收入分配方面的调控，加大垄断性国有企业的改革力度，进行混合制改革，加速股权多元化，强化市场竞争机制，形成有效竞争市场。基于此，国有企业可从规范企业用工合同着手，协调企业与职工的劳资关系，完善考核制度，建立能上能下、能进能出的用工制度，同时加强对高管薪酬的监督和管理，实现高管薪酬和普通职工收入挂钩，尽量控制高管薪酬增长率和普通职工工资增长率的空间，调节高管薪酬过高以及高管与普通职工薪酬差距，使普通职工以保证高管、普通职工与企业整体实现联动效应。此外，政府也可以通过税收政策进一步调节收入分配，合理的税收政策是进一步缩小不同所有制企业、不同行业、不同岗位职工的收入差距，更有助于促进社会的公平稳定。

（三）完善劳动力市场化

劳动力在劳动力市场的供给和需求是劳动者工资水平的决定因素之一。换句话说，职工工资水平主要由劳动力市场的市场化程度或者政府的干预程度对企业职工工资增长决定，劳动力市场的自我调节能力是企业职工工资合理增长的基础。然而，最低工资制度、工资指导线以及劳动集体协商等这些早期政府行政力量干预下为广大基层职工的工资水平提供了保障的措施，已在我国的劳动力市场的市场化程度不断提高的背景下存在着不协调。其中一部分原因在于政策本身已不适合市场经济的发展，如最低工资制度的受益群体仅为最低收入群体，集体协商制度存在着操作上的阻碍、工资指导线缺乏刚性等。此外，不同于发达国家的劳动力市场，我国的劳动力市场长期处于分割状态，存在着二元化，这些因素的叠加造成了我国劳动力市场化进程有待于进一步完善。

在市场经济条件下，劳动力作为一种要素，其价格最终也应实现市场化。

劳动力市场的市场化越高，劳动力的分配和流动越趋于均衡，即人力资源的分配和疏导越趋于合理，与相应的岗位所匹配，有助于我国整体经济运行效率的提升。然而，我国劳动力市场的市场化程度还不够完善。一方面，因为政府力量对市场的过度干预，很多地方政府有着天然的动机干预企业生产经营以实现其自身政绩，如“稳就业”“增加就业率”等政策就会要求地方国有企业扩招职工，这无形中会加大国有企业的经营绩效，压缩职工工资增长的空间。另一方面，劳动力市场不发达导致劳动者的法律意识淡薄，企业劳动力合同不规范，造成企业处于强势地位，而劳动者处于弱势地位，劳动者的自身权益无法得到合理保障。因此，避免行政力量在市场化过程的过度干预，进一步完善劳动法律法规，是劳动力市场化的关键所在。

（四）探索职工持股新途径

完善的收入分配制度，合理的职工工资增长率是调动劳动者工作积极性的重要途径。然而，从总体来看，我国劳动报酬占国内生产总额的份额过低是亟须解决的难题，这也说明改革初次收入分配和再分配制度是非常必要的，并探索职工收入渠道的多元化。在以往，工资是职工劳动收入的最主要来源。但是，在我国经济繁荣发展的背景下，职工的收入来源不断创新和拓展。其中，员工持股计划是近年来学术界和实务届探讨较多的一种有效增加职工收入且能解决收入途径单一的方法。所谓员工持股，即让员工成为企业股权的所有者，能通过其所持有的股权分享更多企业在发展过程中获取的经济利益。即员工与企业之间形成了更紧密的关系（利益共同体），既提高职工的收入，又稳定了企业的职工队伍，降低了职工的离职率，实现了职工利益和企业利益的“双赢”。然而，企业间存在诸多不同，员工持股机制的设计也应根据各企业特点而存在差异性，以更好地实现职工利益与企业利益的趋同。由于我国市场经济尚处于完善之中，因此，在制定员工持股时有必要借鉴西方国家的实施经验，同时结合我国的发展情况。

（五）加大企业的人力资本投资

相关研究表明，当职工的劳动生产率提升时，职工的工资也呈现出相应的增长趋势。也就是说，职工从自身角度提高其工资的有效途径就是提高其劳动生产率。然而，工业企业的数据表明，扩大规模的粗放型增长方式工业企业职工生产率提高的主要途径。事实证明，依靠技术进步的集约型增长方式才是能保证企业职工劳动者技能持续性增长的原动力。这也就意味只有凭借科学技术水平的提高才是长久之计，而这也是我国工业企业进行优化升级的主要方向。因此，从企业角度来看，如何能够有效利用劳动力市场、资本市场以及政府相关政策等宏观因素提高企业劳动生产率，进而推动职工工资水平的增长。

除上述各因素之外，职工工资水平更显著地与其个人素养相关，即其人力资本水平，而这也是更为长久的影响因素。在分析劳动力价值的影响因素时，马克思指出，相对于其他因素，劳动者的教育培训费用对于劳动者起到了非常重要的影响。从劳动者角度来看，他们会积极主动地进行培训，这是因为良好的职业培训既能提高劳动者的技能和素养，还使其能够与高工资水平的岗位相匹配，是一项使劳动者长期受益的事情。目前，很多企业处于转型和升级的关键节点，而优质的、高质量的劳动者正是帮助这些企业走向强大的主要力量。因此，企业应定期对员工组织培训，让员工掌握前沿科学技术和方法，将科学技术运用到生产中去。因此，企业需加大人力资本投资，加强对职工的技能培训，如提高培训的频率，定期或不定期地针对培训内容举行技能比赛，培训鼓励员工创新，将培训内容转化为第一生产力。进而提高职工的人力资本水平，以最终促进职工工资的稳定增长。

（六）改革社保缴纳制度，减少企业经营负担

从微观层面来看，社会保障体系有助于提升人们生活水平和福利水平，提供了必要的生活、工作保障，从宏观层面来看，社会保障体系为整个国家社会的和谐、稳定也提供了积极的必要保障。然而，一些专家认为企业缴纳的社保金额过高，加重了企业尤其是中小企业的运营成本。相关研究表明，若企业能降低社保缴纳率，对于提高企业职工的工资水平有正向促进作用。也就是说，加快社会保障体系的改革是十分必要的。然而，由于经济体制改革等历史遗留问题，加之我国地域广阔、各地区经济发展水平参差不齐，社保系统“碎片化”严重等诸多方面的，社保改革是一项复杂的工程。但是，可以预见的是，社保体制的改革将减轻企业的经营负担，有利于职工工资水平的提升。

结　语

一、研究结论

本书运用我国上市公司 2001 ~ 2018 年的样本数据，实证考察了上市公司职工工资增长的现状、影响因素及增长方式，所取得的主要研究结论如下：

（一）现有研究企业职工工资增长的文献较少

梳理中国学者关于企业职工的文献可以发现，现有文献主要集中在三个方面：一是国有企业与非国有企业职工差距，如国有企业与非国有企业职工之间普遍存在着工资差距，且国有企业支付了更高的职工工资；二是中国企业职工工资变化的现状描述；三是中国企业职工工资的决定机制。鲜有涉及企业职工工资增长的现状、决定机制及增长方式等的文献资料。

（二）中国企业职工工资差距较大

在分样本进行描述统计后，本书的研究结论与以往的研究发现一致，即中国企业职工工资存在较大差距，不仅表现在企业高管与普通职工之间，国有企业和非国有企业之间，还表现在第一产业、第二产业和第三产业之间，东部地区、中部地区和西部地区之间。说明企业的产权性质、企业所属行业、营运地及员工的从业属性都会对职工工资产生影响。此外，还发现普通职工人均工资与全体职工人均工资几乎一致。

（三）促进企业职工工资增长需宏观和微观因素相结合

在探讨企业职工工资增长的影响因素及决定机制时，本书分别从地区GDP、劳动生产率、行业竞争性等宏观因素和企业规模、人力资本水平及企业利润等微观因素进行分析。研究发现，地区GDP、劳动生产率和行业竞争力等因素对企业职工工资增长有非常显著的正向作用；而企业规模、人力资本水平、产权性质也对企业职工工资增长有较为显著的正向作用。这一结果说明，在制定相关政策时，需从企业外部、内部及员工个人三个方面共同着手，缺一不可。

（四）企业员工未能共享企业利润

企业利润作为企业全年收益的衡量指标，是全体职工共同努力的成果，应在全体职工间共同分配和享有。然而，研究发现，企业利润的增长只会带来高管薪酬的上涨，对普通职工工资增长的影响不显著或者负显著，这说明企业利润的分配是失衡的，说明中国企业普通职工工资的增长是不健全的，完善企业职工工资机制十分必要。

（五）工资增长与企业利润增长之间存在相互影响的互动效应

高管工资增长与企业利润之间存在相互促进、互为因果的协同效应，而该效应在普通职工身上并不存在。职工工资不仅具有稳健性还具有一定的滞留影响，即上期的员工工资增长或利润增长会对当期的利润增长或工资增长产生积极的影响，且在普通职工中，该种效应更加明显。

（六）工资增长有助于企业创新活动的开展

职工工资增长率的相对提升，有利于使企业聚集更优秀的人才，提高创新活动成功的概率，因而对企业的创新活动具有激励效应。研究发现，劳动力成本上升对创新支出行为的影响可能是通过人力资本质量、要素替代效应以及成本激励效应三个渠道传导的。

二、本书主要创新

在对工资增长进行研究的过程中，本书的研究创新主要体现在研究视角、研究结论等方面的创新：

（一）从不同角度对企业职工工资增长现状进行描述

以往研究主要针对工业企业的全体职工工资增长现状进行描述和分析，本书更为直接、客观、具体地了解中国企业职工工资近十年来的增长现状，分别从全样本、行业、地区和企业所有权角度，并将全体职工分为高管和普通职工两类，对高管人均工资、普通职工人均工资以及全体员工人均工资及人均工资增长率进行了描述。且在衡量工资时，采用了真实工资，而非名义工资。

（二）重点分析了不同层次职工工资增长的影响因素

本书对不同性质的员工进行分类，这对考察我国工资合理增长提供更可靠的依据。虽然已有较多的文献将上市公司中的高管的薪酬增长作为研究对象，但大多从单个的角度出发，并不具有系统性，对上市公司职工工资增长的研究也尚处于起步阶段。本书是在现有的基础上，将高管和普通职工的工资增长同时纳入一个分析框架中，探寻企业内部和外部，微观和宏观等方面的原因，进行全面、深入、系统的描述和分析。此外，完善现有的企业职工工资增长研究，不仅关乎到收入分配格局的调整，让广大劳动者的收入增长与中国经济的增长速度相匹配，还有助于真正实现社会的和谐发展。

（三）探析了职工工资增长与利润增长的相关关系

职工工资作为企业的正常营运成本之一，工资的增长势必代表企业利润的上升，可见，两者具有互动关系，一方面，职工工资上涨，企业用工成本增加的压力；另一方面，企业利润也会对工资产生影响，可能是“利润挤占工资”而导致职工工资下降，也可能是工资增长会对企业利润产生的积极作用。因此，有必要对企业职工工资增长与企业利润增长之间的关系做进一步的研究和分析，以为构建职工工资增长的合理水平起到铺垫作用。

三、主要研究局限

企业职工工资增长是一个复杂并且具有重大理论和现实研究意义的科学问

题。但是，囿于笔者的研究能力以及我国资本市场发展的现实状况，本书尚存在以下三方面的局限性：

第一，本书对职工分级的时候，只将职工划分为高管与普通职工两类。但是，如果是规模较大的公司，除了高层管理者之外，企业还会设有中层管理者。因而，若要全面、细致地研究企业职工工资增长，还应该将中层管理者从普通职工中剥离出来。因此，本书还有待于将职工类别划分得更为细致和具体。

第二，本书从股权性质角度分别对国有企业和非国有企业的职工工资增长的决定机制进行了研究。但是，按照最终控制人类别进一步划分，国有企业还可以细分为国资委或中央各部委控制国企，地方国资委及地方政府各部门控制的国企。此外，国有企业还可以分为垄断性国有企业，如石油和天然气开采业、有色金属矿采选业、电力热力的生产和供应业等。

第三，限于篇幅及内容的协调性，在研究企业职工工资增长决定机制时，考虑了公司治理因素，但是具有片面性，没有达到全面、细致地研究公司治理对职工工资增长的作用，可能会遗漏一些重要的发现。

四、未来研究展望

中国正处于经济体制的快速转型时期，劳动力市场的运行既存在与其他国家相类似的特点，又有其自身的特殊性。而工资作为劳动力市场的一个核心问题，其决定机制和水平差异都反映着劳动力市场运行的特点，记录和分析这一特殊时期劳动力的工资决定和工资增长的变化状况对于把握中国劳动力市场的发育程度和发展方向具有重要的意义。工资问题涉及的内容非常复杂，本书所分析的仅是其中的一个小的侧面，还有太多的相关问题没有来得及去思考，如在有限成本约束下，企业职工工资如何增长才是合适的，如何构建企业不同层次职工工资增长与企业利润增长的最优协调方式等，这些都可以作为下一步工资问题的研究方向。

参考文献

[1]“民工潮”的成因和作用——我国著名经济学家萧灼基访谈录［J］．新长征，1994（6）：4－6.

[2] 2017年我国卫生健康事业发展统计公报［EB/OL］．http：//www.nhfpc.gov.cn/，2018－06－12.

[3] 巴曙松，何师元，朱伟豪．中国三次产业劳动生产率与单位劳动成本的国际比较研究［J］．当代经济管理，2019（2）：1－8.

[4] 包群，邵敏，侯维忠．出口改善了员工收入吗？［J］．经济研究，2011（9）：41－54.

[5] 包群，邵敏．出口贸易与我国的工资增长：一个经验分析［J］．管理世界，2010（9）：55－66.

[6] 鲍哈斯．劳动经济学（第三版）［M］．夏业良译．北京：中国人民大学出版社，2010.

[7] 蔡昉，都阳，王美艳．中国劳动力市场转型与发育［M］．北京：商务印书馆，2005.

[8] 蔡昉，都阳．工资增长、工资趋同与刘易斯转折点［J］．经济学动态，2011（9）：9－16.

［9］蔡昉，都阳．积极应对我国制造业单位劳动力成本过快上升问题［J］．前线，2016（5）：24－25.

［10］蔡昉，王美艳．为什么劳动力流动没有缩小城乡收入差距［J］．经济学动态，2009（8）：4－10.

［11］蔡昉，王美艳．中国人力资本现状管窥——人口红利消失后如何开发增长新源泉［J］．人民论坛·学术前沿，2012（4）：56－65＋71.

［12］蔡昉．工资与劳动生产率的赛跑［J］．贵州财经学院学报，2012（3）：1－5.

［13］曾庆生，陈信元．国家控股、超额雇员与劳动力成本［J］．经济研究，2006（5）：74－86.

［14］陈波，贺超群．出口与工资差距：基于我国工业企业的理论与实证分析［J］．管理世界，2013（8）：6－15＋40＋187.

［15］陈冬华，范从来，沈永建，周亚虹．职工激励、工资刚性与企业绩效——基于国有非上市公司的经验证据［J］．经济研究，2010（7）：116－129.

［16］陈琳，葛劲峰．不同所有制部门的代际收入流动性研究——基于劳动力市场分割的视角［J］．当代财经，2015（2）：3－11.

［17］陈雯，孙照吉．劳动力成本与企业出口二元边际［J］．数量经济技术经济研究，2016（9）：22－39.

［18］陈宪．论生产要素意义上的人力资本［J］．学术月刊，2003（8）：52－58.

［19］陈怡．国际贸易对我国行业间收入分配的影响——基于制造业面板数据的实证分析［J］．国际贸易问题，2009（4）：3－10.

［20］程晨，袁建国，王萌萌．劳动力成本上升与企业增长——技术创新的替代效应［J］．预测，2016（1）：8－13.

［21］储小平．财富观的变革与财富的创造［J］．汕头大学学报，2000（4）：60－66＋78.

［22］崔友平．行业垄断对收入分配影响的效应分析与对策研究［A］//中国资本论研究会．全国高等财经院校资本论研究会2010学术年第27届学术年会论文集［C］.2010.

［23］大卫·李嘉图．政治经济学及赋税原理（中译本）［M］．南京：译林出版社，2011.

［24］戴魁早．垂直专业化的工资增长效应——理论与中国高技术产业的经验分析［J］．中国工业经济，2011（3）：36－46.

［25］道格拉斯·诺斯．制度、制度变迁与经济绩效［M］．北京：人民出版社，1994.

［26］邓清．房改核心劳动力成本真实化［J］．经济与信息，1998（6）：42－44.

［27］丁仁船，杨军昌．技术进步对中国劳动力就业的影响［J］．统计与决策，2002（12）：36－37.

［28］丁元．劳动生产率与工资关系的脉冲响应分析——以广东省为例［J］．中国人口科学，2007（3）：72－80＋96.

［29］董新兴，刘坤．劳动力成本上升对企业创新行为的影响——来自中国制造业上市公司的经验证据［J］．山东大学学报（哲学社会科学版），2016（4）：112－121.

［30］都阳，曲玥．劳动报酬、劳动生产率与劳动力成本优势——对2000－2007年中国制造业企业的经验研究［J］．中国工业经济，2009（5）：25－35.

［31］方军雄．高管权力与企业薪酬变动的非对称性［J］．经济研究，2011（4）：107－120.

［32］方军雄．我国上市公司高管的薪酬存在黏性吗？［J］．经济研究，

2009（3）：110－124.

［33］方岩飞．我国工资增长影响因素的理论分析与实证研究［D］．天津：天津财经大学，2012.

［34］郭丛斌．二元制劳动力市场分割理论在中国的验证［J］．清华大学教育研究，2004（4）：43－49.

［35］国际劳工组织．2011年全球工资报告——危机时期的工资政策［DB/OL］．http：//www.ilo.org/，2010.

［36］国家卫健委．2018年我国卫生健康事业发展统计公报［DB/OL］．http：//www.gov.cn/guoqing/2020－04/29/，2020－04－29.

［37］何平，骞金昌．中国制造业：技术进步与就业增长实证分析［J］．统计研究，2007（9）：3－11.

［38］贺聪，尤瑞章，莫万贵．我国劳动力成本核算体系及其缺陷分析［J］．宏观经济研究，2008（4）：58－62.

［39］贺伟，龙立荣，赵海霞．员工心理账户视角的薪酬心理折扣研究［J］．中国工业经济，2011（1）：99－108.

［40］洪银兴．科技创新中的企业家及其创新行为——兼论企业为主体的技术创新体系［J］．中国工业经济，2012（6）：83－93.

［41］胡放之，王龙．建立健全企业职工工资正常增长机制研究［J］．湖北工业大学学报，2009（3）：1－3.

［42］胡放之．工资水平及其影响因素分析［J］．武汉科技学院学报，2005（7）：88－90.

［43］胡放之．西方200年来工资决定理论概述［J］．咸宁学院学报，2005（4）：42－45.

［44］胡筱舟．论人力资本与按劳分配［J］．华中理工大学学报（社会科学版），1999（2）：49－50.

［45］纪宁．法国发展养老服务业，促进就业和完善社会保障的启示与借鉴［J］．中国经贸导刊，2010（23）：32－35.

［46］加里·贝克尔．人力资本理论［M］．北京：机械工业出版社，2016.

［47］贾朋，张世伟．最低工资标准提升的溢出效应［J］．统计研究，2013（4）：37－41.

［48］姜俪，郭继强，陆利丽．中国垄断行业与非垄断行业的工资差距及其变动：基于工资分布的视角［J］．劳动经济研究，2013（1）：122－141.

［49］金三林，朱贤强．我国劳动力成本上升的成因及趋势［J］．经济纵横，2013（2）：37－42.

［50］卡尔·马克思．资本论［M］．郭大力，王亚楠译．上海：三联书店，1938.

［51］康芒斯．制度经济学（上、下册）［M］．于树生译．北京：商务印书馆，1962.

［52］康士勇．工资理论与工资管理［M］．北京：中国劳动社会保障出版社，2008.

［53］赖德胜．教育、劳动力市场与收入分配［J］．经济研究，1998（5）：43－50.

［54］黎文靖，杨丹．管理层为何自愿披露劳动力成本上涨风险信息？——来自中国上市公司的经验证据［J］．财经研究，2013（10）：91－105.

［55］李稻葵，刘霖林，王红领．GDP 中劳动份额演变的 U 型规律［J］．经济研究，2009（1）：70－82.

［56］李国正，高书平．公共服务视角下社会投资与流动人口就业能力提升路径探究［J］．湖湘论坛，2017（6）：121－126.

[57] 李红涛，党国英．劳动生产率对工资的影响——基于动态面板数据的广义矩估计方法 [J]．社会科学战线，2012 (4)：66-73.

[58] 李红涛，党国英．我国市场化进程中的工资形成机制——基于动态面板数据 Sys-GMM 方法的实证研究 [J]．商业经济与管理，2012 (2)：90-97.

[59] 李建强，赵西亮．中国制造还具有劳动力成本优势吗？[J]．统计研究，2018 (1)：22-31.

[60] 李姗姗．工资增长率之影响因素的经济学分析 [J]．辽宁大学学报（哲学社会科学版），2011 (5)：94-98.

[61] 李实．对当前我国劳动力成本的基本判断 [J]．中国井冈山干部学院学报，2016 (5)：57-59.

[62] 李实．中国城乡之间收入差距及协调发展 [A] //中国经济体制改革研究会．政府转型与统筹协调发展——2004 中国改革论坛论文集 [C]．2004.

[63] 李文溥，郑建清，林金霞．制造业劳动报酬水平与产业竞争力变动趋势探析 [J]．经济学动态，2011 (8)：78-83.

[64] 李晓达，陈建成，王刚．非认知能力对企业员工的工资增长效应实证分析 [J]．中国林业经济，2019 (3)：17-19.

[65] 李新春．经理人市场失灵与家族企业治理 [J]．管理世界，2003 (4)：87-95+154-155.

[66] 李扬，张晓晶．“新常态”：经济发展的逻辑与前景 [J]．经济研究，2015 (5)：4-19.

[67] 李增泉．激励机制与企业绩效——一项基于上市公司的实证研究 [J]．会计研究，2000 (1)：24-30.

[68] 李昭琰，乔方彬．工资增长对机械化和农业生产的影响 [J]．农业技术经济，2019 (2)：23-32.

［69］林玳玳．我国最低工资制度的现状与和谐社会构建［J］．中国人力资源开发，2007（4）：57－60.

［70］林芳．企业内部工资不平衡增长的动态考察［J］．宏观经济研究，2018（8）：159－175.

［71］林青松，李实．企业效率理论与中国企业的效率［J］．经济研究，1996（7）：73－80.

［72］林炜．企业创新激励：来自中国劳动力成本上升的解释［J］．管理世界，2013（10）：95－105.

［73］林小昭．广东打造三大副中心城市［J］．宁波经济（财经视点），2018（1）：18－19.

［74］林晓洁．企业职工工资增长了，才能体现收入分配制度的公平［N］．中国劳动保障报，2008－03－15.

［75］刘厚俊，王丹利．劳动力成本上升对中国国际竞争比较优势的影响［J］．世界经济研究，2011（3）：9－13＋33＋87.

［76］刘焕鹏，徐炜，董利红．高速增长的房地产投资是否推升了劳动力成本？——基于中国地级及以上城市的证据［J］．现代财经（天津财经大学学报），2018（3）：16－29.

［77］刘军，阮持华．工资增长指导线研究与设计［J］．煤炭经济研究，1998（11）：27－30.

［78］刘鹏飞，李莹．劳动生产率与工资增长——基于巴萨效应的分析［J］．财经科学，2016（12）：55－66.

［79］刘书云，王振宏．企业分配：利润挤占工资［J］．瞭望，2008（2）：24－25.

［80］刘长庚，张松彪．行业垄断与企业劳动报酬差距——基于中国工业企业数据库的分析［J］．经济学动态，2015（3）：52－61.

[81] 卢锐，高筠燕，邓阳水．试析个人所得税纳税申报制度 [J]．税务研究，2008 (9)：34－36.

[82] 陆铭．工资和就业的议价理论——对中国二元就业体制的效率考察 [M]．上海：上海人民出版社，2004.

[83] 陆正飞，王雄元，张鹏．国有企业支付了更高的职工工资吗? [J]．经济研究，2012 (3)：28－39.

[84] 罗楚亮，李实．人力资本、行业特征与收入差距——基于第一次全国经济普查资料的经验研究 [J]．管理世界，2007 (10)：19－30＋171.

[85] 吕长江，赵宇恒．国有企业管理者激励效应研究——基于管理者权力的解释 [J]．管理世界，2008 (11)：99－109＋188.

[86] 马克思，恩格斯．马克思恩格斯选集（第 1 卷）[M]．北京：人民出版社，1972.

[87] 马双，张劼，朱喜．最低工资对中国就业和工资水平的影响 [J]．经济研究，2012 (5)：132－146.

[88] 马歇尔．经济学原理 [M]．海口：南海出版公司，2007.

[89] 毛丰付．房价波动影响物价水平的传导机制——基于劳动力成本的视角 [J]．价格理论与实践，2008 (7)：42－43.

[90] 宁光杰．技术进步与就业的补偿机制 [J]．经济社会体制比较，2007 (4)：63－68.

[91] 宁光杰．中国市场化进程中的工资形成机制——来自各省面板数据的证据 [J]．财经研究，2007 (2)：119－131.

[92] 牛德生．试论按劳分配收入量的界定——从劳动力商品特性所作的分析 [J]．经济问题，1998 (6)：7－9.

[93] 潘青．劳动力成本上升的创新绩效——人力资本提升抑或是要素替代? [J]．河南社会科学，2019 (11)：73－79.

[94] 秦兴方. 按人力资本分配在分配结构中的耦合功能 [J]. 经济学家, 2003 (5): 69 – 74.

[95] 卿小权, 张碧涵, 张伟华, 刘金钊. 会计盈余能预测就业与工资增长吗? ——来自中国的经验证据 [J]. 科学决策, 2018 (11): 39 – 73.

[96] 权家敏. 不同出口密集度企业的出口工资溢价——来自中国的证据 [J]. 经济问题, 2014 (11): 106 – 111.

[97] 权小锋, 吴世农, 文芳. 管理层权力、私有收益与薪酬操纵 [J]. 经济研究, 2010 (11): 73 – 87.

[98] 任志成, 戴翔. 劳动力成本上升对出口企业转型升级的倒逼作用——基于中国工业企业数据的实证研究 [J]. 中国人口科学, 2015 (1): 48 – 58 + 127.

[99] 萨尔·D. 霍夫曼. 劳动市场经济学 [M]. 崔伟, 张志强译. 上海: 上海三联书店, 1989.

[100] 萨伊. 政治经济学概论: 财富的生产、分配和消费 [M]. 北京: 商务印书馆, 1963.

[101] 舒尔茨. 论人力资本投资 (第一版) [M]. 蒋兵, 张蘅译. 北京: 经济学院出版社, 1990.

[102] 宋关达. 年度工资增长指导线的确定方法 [J]. 经济科学, 1994 (3): 42 – 44.

[103] 宋晶, 李会敏. 工业企业工资增长影响因素的经验分析 [J]. 财经问题研究, 2014 (10): 91 – 98.

[104] 苏海南. 全新的形势呼唤全新的管理 [J]. 企业管理, 2008 (1): 21 – 22.

[105] 孙富国. 多元线性回归在工资增长预测模型中的应用 [J]. 技术经济, 1998 (1): 46 – 47.

［106］孙文杰，沈坤荣．人力资本积累与中国制造业技术创新效率的差异性［J］．中国工业经济，2009（3）：81－91.

［107］唐国华．技术创新对我国就业影响的实证分析：1991～2007［J］．人口与经济，2011（3）：37－42.

［108］唐庆银．论劳动力成本核算与分析［J］．立信会计高等专科学校学报，1999（3）：25－26＋43.

［109］唐宜红，林发勤．异质性企业贸易模型对中国企业出口的适用性检验［J］．南开经济研究，2009（6）：88－99.

［110］汪丁丁，罗卫东，叶航．偏好、效用与经济学基础范式的创新——汪丁丁、罗卫东、叶航三人对谈录［J］．浙江社会科学，2003（2）：33－39.

［111］汪丁丁，罗卫东，叶航．新政治经济学的可能依据：行为和意义的综合视角——汪丁丁、罗卫东、叶航三人对谈录［J］．浙江社会科学，2003（6）：32－41.

［112］王铂．国际贸易对中国工人工资的影响研究——基于工业部门的面板数据分析［J］．经济问题，2010（6）：33－35.

［113］王铂．国际贸易影响中国劳工标准的实证研究［J］．财经问题研究，2010（9）：121－124.

［114］王宏．工资增长、地区分布与劳动生产率的影响因素［J］．改革，2014（2）：28－39.

［115］王怀民．加工贸易、劳动力成本与农民工就业［J］．世界经济研究，2009（1）：15－18＋46＋87.

［116］王克敏，王志超．高管控制权、报酬与盈余管理——基于中国上市公司的实证研究［J］．管理世界，2007（7）：111－119.

［117］王昆，李兆千．全球视野下中国劳动力成本优势的弱化与应对

[J]．西部论坛，2018（2）：91－105.

[118] 王龙．建立国有企业职工工资正常增长机制研究［D］．武汉：湖北工业大学，2010.

[119] 王万珺，沈坤荣，叶林祥．工资、生产效率与企业出口——基于单位劳动力成本的分析［J］．财经研究，2015（7）：121－131.

[120] 王雪珂，姚洋．两国相对生产率与巴拉萨—萨缪尔森效应：一个经验检验［J］．世界经济，2013（6）：18－35.

[121] 王泽填，姚洋．结构转型与巴拉萨—萨缪尔森效应［J］．世界经济，2009（4）：38－49.

[122] 王中华，王雅琳，赵曙东．国际垂直专业化与工资收入差距——基于工业行业数据的实证分析［J］．财经研究，2009（7）：122－133.

[123] 魏刚．高级管理层激励与上市公司经营绩效［J］．经济研究，2000（3）：32－39＋64－80.

[124] 魏国学，常兴华．城乡居民收入增长及劳动力成本变动趋势分析［J］．宏观经济管理，2012（10）：36－37.

[125] 魏浩，郭也．中国制造业单位劳动力成本及其国际比较研究［J］．统计研究，2013（8）：102－110.

[126] 魏浩，李翀．中国制造业劳动力成本上升的基本态势与应对策略［J］．国际贸易，2014（3）：10－15.

[127] 文建东，林珊珊．中国劳动力成本上升与国际资本转移［J］．江汉论坛，2015（5）：15－21.

[128] 文宗瑜，刚成军．国企工资收入分配改革的具体推进［J］．国有资产管理，2008（12）：44－46.

[129] 巫强，葛玉好．工资增长与岗位创造——基于中国上市公司数据的实证研究［J］．世界经济文汇，2014（3）：26－38.

［130］吴敬贤，姚金安．我国人口红利减少——基于廉价而丰富的劳动力角度［J］．价格月刊，2016（10）：86－90.

［131］吴晓波．入世十年的“三得三失”［J］．中外管理，2011（12）：23.

［132］吴延兵，米增渝．创新、模仿与企业效率——来自制造业非国有企业的经验证据［J］．中国社会科学，2011（4）：77－94＋222.

［133］夏庆杰，李实．国有单位工资结构及其就业规模变化的收入分配效应：1988－2007［J］．经济研究，2012（6）：127－142.

［134］谢茂拾．论建立经营者人力资本的识别评估机制问题［J］．广东商学院学报，2002（5）：9－14.

［135］邢春冰．不同所有制企业的工资决定机制考察［J］．经济研究，2005（6）：16－26.

［136］邢春冰．经济转型与不同所有制部门的工资决定——从“下海”到“下岗”［J］．管理世界，2007（6）：23－37＋171.

［137］约瑟夫·熊彼特．经济发展理论［M］．郭武军译．北京：中国华侨出版社，2020.

［138］熊珍琴．出口贸易对我国工人工资增长的实证分析——以深圳经济特区为例［J］．社会科学家，2018（7）：46－53.

［139］徐国君，夏虹．论人力资本与个人收入的分配机制［J］．青岛海洋大学学报（社会科学版），1999（1）：46－53.

［140］杨瑞龙，周业安，张玉仁．国有企业双层分配合约下的效率工资假说及其检验——对“工资侵蚀利润”命题的质疑［J］．管理世界，1998（1）：166－175.

［141］杨燕绥．应对人口老龄化的两大战略［J］．人民周刊，2016（6）：58.

［142］姚先国，曾国华．劳动力成本对地区劳动生产率的影响研究［J］．浙江大学学报（人文社会科学版），2012（9）：135－143.

［143］姚先国，钱雪亚．中国低劳动成本优势再认识［J］．广东社会科学，2013（3）：5－17.

［144］姚战琪，夏杰长．资本深化、技术进步对中国就业效应的经验分析［J］．世界经济，2005（1）：58－67＋80.

［145］叶林祥，李实，罗楚亮．效率工资、租金分享与企业工资收入差距——基于第一次全国经济普查工业企业数据的实证研究［J］．财经研究，2011（3）：4－16.

［146］叶仁荪，王光栋，王雷．技术进步的就业效应与技术进步路线的选择——基于1990～2005年中国省际面板数据的分析［J］．数量经济技术经济研究，2008（3）：137－147.

［147］尹云松．关于“民工潮”原因与对策的分析［J］．安徽农业大学学报（社会科学版），1995（3）：16－20.

［148］于洪霞，陈玉宇．外贸出口影响工资水平的机制探析［J］．管理世界，2010（10）：47－58＋187.

［149］余向华，陈雪娟．中国劳动力市场的户籍分割效应及其变迁——工资差异与机会差异双重视角下的实证研究［J］．经济研究，2012，47（12）：97－110.

［150］袁富华，李义学．中国制造业资本深化和就业调整——基于利润最大化假设的分析［J］．经济学（季刊），2009（1）：197－210.

［151］原小能，唐成伟．劳动力成本、交易成本与产业结构升级［J］．浙江大学学报（人文社会科学版），2015（5）：133－143.

［152］詹宇波，张军，徐伟．集体议价是否改善了工资水平：来自中国制造业企业的证据［J］．世界经济，2012，35（2）：63－83.

［153］张本波．我国劳动力成本上升的因素和影响［J］．宏观经济管理，2008（8）：40－42.

［154］张车伟，薛欣欣．国有部门与非国有部门工资差异及人力资本贡献［J］．经济研究，2008（4）：15－25＋65.

［155］张车伟，赵文．如何实现居民收入增长？［J］．劳动经济研究，2014，2（6）：3－25.

［156］张车伟．人力资本回报率变化与收入差距：“马太效应”及其政策含义［J］．经济研究，2006（12）：59－70.

［157］张杰，何晔．人口老龄化削弱了中国制造业低成本优势吗？［J］．南京大学学报（哲学·人文科学·社会科学版），2014（3）：24－36＋157.

［158］张杰，黄泰岩．中国企业的工资变化趋势与决定机制研究［J］．中国工业经济，2010（3）：42－53.

［159］张杰，李勇，刘志彪．出口促进中国企业生产率提高吗？——来自中国本土制造业企业的经验证据：1999～2003［J］．管理世界，2009（12）：11－26.

［160］张杰，李勇，刘志彪．出口与中国本土企业生产率——基于江苏制造业企业的实证分析［J］．管理世界，2008（11）：50－64.

［161］张军，刘晓峰．工资与劳动生产率的关联：模式与解释［J］．哈尔滨工业大学学报（社会科学版），2012，14（2）：89－100.

［162］张军．持续造就投资者和企业家［J］．辽宁财税，2003（11）：4.

［163］张莉，李捷瑜，徐现祥．国际贸易、偏向型技术进步与要素收入分配［J］．经济学（季刊），2012，11（2）：409－428.

［164］张庆昌，李平．生产率与创新工资门槛假说：基于中国经验数据分析［J］．数量经济技术经济研究，2011（11）：3－21.

［165］张日波．分工思想何以被忽视——以马歇尔为中心的思想史考察

[J]. 经济理论与经济管理, 2012 (1): 28-35.

[166] 张维迎. 企业理论与中国企业改革 [M]. 北京: 北京大学出版社, 1999.

[167] 张五常. 张五常论新劳动法 [J]. 法律和社会科学, 2009, 4 (1): 1-36.

[168] 张小建. 中国就业的改革发展 [M]. 北京: 中国劳动社会保障出版社, 2008.

[169] 赵红梅, 吴婷, 周云波. 企业利润与员工工资的门限效应研究——基于天津市滨海新区企业数据的分析 [J]. 劳动经济研究, 2016 (6): 107-125.

[170] 赵西亮, 李建强. 劳动力成本与企业创新——基于中国工业企业数据的实证分析 [J]. 经济学家, 2016 (7): 41-49.

[171] 赵晓霞. 中国大陆劳动力成本的变化趋势对台商投资的影响[J]. 当代经济研究, 2009 (5): 54-57.

[172] 郑志国. 中国企业利润侵蚀工资问题研究 [J]. 中国工业经济, 2008 (1): 5-13.

[173] 中国老龄化原因及八大解决措施 [EB/OL]. https://www.sohu.com/, 2016-06-16.

[174] 周君. 行业收入差距: 从劳动生产率的角度分析——以高新技术产业和建筑业为例 [J]. 生产力研究, 2009 (14): 22-23+77+203.

[175] 周宇. 中国是否仍然拥有低劳动力成本优势? [J]. 世界经济研究, 2014 (10): 3-8+33+87.

[176] 周云波, 赵红梅, 吴婷. 工资水平、工资结构与企业效益的协同效应研究——基于2008-2010年天津市923家企业面板数据的分析 [J]. 劳动经济研究, 2014 (6): 126-151.

［177］朱克朋，樊士德．劳动力成本变动与我国制造业产品的出口竞争力——基于 WTO 数据库和各统计年鉴数据库的匹配数据［J］．产业经济评论，2017（5）：31－43.

［178］朱轶，熊思敏．技术进步、产业结构变动对我国就业效应的经验研究［J］．数量经济技术经济研究，2009（5）：107－119.

［179］祝宴君．工资收入分配［M］．北京：中国劳动社会保障出版社，2001.

［180］邹瑾．人口老龄化与房价波动的地区差异［J］．经济经纬，2017（1）：94－99.

［181］Acemoglu, D. When Does Labor Scarcity Encourage Innovation?［J］. Journal of Political Economy, 2010（6）：1037－1078.

［182］Adam Smith. The Wealth of Nations［M］. London: England Press, 1776.

［183］Adams, F. G., B. Gangnes and Y. Shachmurove. Why is China So Competitive? Measuring and Explaining China's Competitiveness［J］. The World Economy, 2006, 29（2）：95－122.

［184］Akerlof, G. A., and J. L. Yellen. Efficiency Wage Models of the Labor Market, Cambridge［M］. Cambridge: Cambridge University Press, 1986.

［185］Akerlof, G. A., and J. L. Yellen. The Fair Wage－Effort Hypothesis and Unemployment［J］. Quarterly Journal of Economics, 1990, 105（2）：255－283.

［186］Akerlof, G. A. Labor Contracts as Partial Gift Exchange［J］. Quarterly Journal of Economics, 1982, 97（2）：543－569.

［187］Akyz, Y. Export Dependence and Sustainability of Growth in China［J］. China－World Economy, 2011, 19（1）：1－23.

[188] Alexopoulos, G. S. Role of Executive Function in Late - life Depression [J]. Journal of Clinical Psychiatry, 2003, 64 (1): 18 - 23.

[189] Alexopoulos, G. S. The Vascular Depression Hypothesis: 10 Years Later [J]. Biol Psychiatry, 2006, 60 (12): 1304 - 1305.

[190] Alfred Marshall. Principles of Economics [M]. London: Macmillan, 1890.

[191] Allyn Young A. Increasing Return and Economic Progress [J]. Economic, 1928, 38 (2): 527 - 542.

[192] Arellano, M. and S. Bond. Some Tests of Specification for Panel Data: Monte Carlo Evidence and an Application to Employment Equations [J]. Review of Economic Studies, 1991, 58 (2): 277 - 297.

[193] Arrow, K. J. The Economic Implications of Learning by Doing [J]. The Review of Economic Studies, 1962, 29 (3): 155 - 173.

[194] Arthur, W. B. Complexity and the Economy [J]. Science, 1999, 284 (2): 107 - 109.

[195] Arthur, W. B., Durlauf, S., and D. Lane. The Economy as an Evolving Complex System Ⅱ [M]. Boulder: Westview Press, 1997.

[196] Auld D. A., Christofides, L. N., Swidinsky, R., and D. A. Wilton. A Microeconomic Analysis of Wage Determination in the Canadian Public Sector [J]. Journal of Public Economics, 1980, 13 (1): 369 - 387.

[197] Ball, R. and E. St. Cyr. Short - term Employment Functions in British Manufacturing Industry [J]. The Review of Economic Studies, 1966, 33 (3): 179 - 207.

[198] Banister, J. Manufacturing Earnings and Compensation in China [J]. Monthly Labor Review, 2005, 128 (8): 22 - 40.

[199] Beaudry, P., Green D. A., and B. M. Sand. How Much Is Employment Increased by Cutting Labor Costs Estimating the Elasticity of Job Creation [R]. NBER Working Paper, 2010.

[200] Bebchuk, L. A., J. M. Fried, and D. I. Walker. Managerial Power and Rent Extraction in the Design of Executive Compensation [J]. University of Chicago Law Review, 2002, 69 (2): 751 -846.

[201] Bebchuk, L. A., J. M. Fried. Pay Without Performance: Overview of the Issues [J]. The Academy of Management Perspectives Archive, 2005, 20 (1): 5 -24.

[202] Becket, G. S. Human Capital: A Theoretical and Empirical Analysis with Special Reference to Education [M]. Chicago: The University of Chicago Press, 1993.

[203] Belejer M. I. On the Deterination of Nominal Wage Dispersion [J]. Economics Letters, 1990, 32 (2): 175 -180.

[204] Berk, J. B., Stanton, R., and J. Zechner. Human Capital, Bankruptcy and Capital Structrue [R]. Working Paper, 2009.

[205] Bernard, A. B., Jensen, J. B., and R. Z. Lawrence. Exporters, Jobs, and Wages in Us Manufacturing: 1976 - 1987 [J]. Brookings Papers on Economic Activity: Microeconomics, 1995: 67 -1191.

[206] Bertrand, M., S. Mullainathan. Enjoying the Quiet Life? Corporate Governance and Managerial Preferences [J]. Journal of Political Economy, 2003, 111 (6): 1043 -1075.

[207] Bertrand, M., S. Mullainathan. Is There Discretion in Wage Setting? A Test Using Takeover Legislation [J]. The Rand Journal of Economics, 1999, 30 (3): 535 -554.

[208] Bessen, J. More Machines, Better Machines. Or Better Workers? [J]. The Journal of Economic History, 2012 (1): 44-74.

[209] Blanchard, O. J., and L. F. Katz. Regional Evolutions [J]. Brookings Papers and Economic Activity, 1992, 23 (1): 1-76.

[210] Blanchflower, David. The Role and Influence of Unions in the OECD [EB/OL]. http://www.dartmouth.edu, 1996.

[211] Blau, F. D., and L. M. Kahn. Institutions and Laws in the Labor Market [J]. Handbook of Labor Economics, 1999, 3 (1): 1399-1461.

[212] Blejer, M., A. Cheasty. Fiscal Implications of Trade Liberalization [C]. //Tanzi, V. (ed.) Fiscal Policy in Open Developing Economies [J]. International Monetary Fund, Washington D. C., 1990, 26 (1): 66-81.

[213] Blundell, R., and S. Bond. Initial Conditions and Moment Restrictions in Dynamic Panel Data Models [J]. Journal of Econometrics, 1998, 87 (1): 115-143.

[214] Brnard, A. B., and J. B. Jensen. Why Some Firms Export [J]. Review of Economics and Statistics, 2004, 86 (2): 561-569.

[215] Beaudry P., Mark D., and L. Ethan. Should the Personal Computer Be Considered a Technological Revolution? Evidence from U. S. Metropolitan Areas [J]. Journal of Political Economy, 2010, 118 (5): 988-1036.

[216] Broadberry, S., and B. Gupta. The Early Modern Great Divergence: Wages, Prices and Economic Development in Europe and Asia 1500-1800 [J]. The Economic History Review, 2006, 59 (1): 231-264.

[217] Brown, C., and J. Medoff. The Employer Size Wage Effect [J]. Journal of Political Economic, 1989, 97 (5): 1027-1059.

[218] Bruno, M., and J. Sachs. Economics of World Wide Stagflation

[M]. Cambridge, MA: Harvard University Press, 1985.

[219] Budd, J. W., and Y. J. Nho. Testing for a Structural Change in U. S. Wage Determination [J]. Industrial Relations, 1997, 36 (2): 160 – 177.

[220] Campa, J. M., and L. S. Goldberg. Employment Versus Wage Adjustment and the US Dollar [J]. The Review of Economics and Statistics, 2001, 83 (3): 477 – 489.

[221] Caner, Mehmet – Bruce Hansen. Instrumental Variable Estimation of A Threshold Model [J]. Economic Theory, 2004, 20 (5): 813 – 843.

[222] Cao, J., Pan, X. and G. Tian. Disproportional Ownership Structure and Pay – performance Relationship: Evidence from China's Listed Firms [J]. Journal of Corporate Finance, 2011, 17 (1): 541 – 554.

[223] Cappelli P., K. Chauvin. A Test of an Efficiency Model of Grievance Activity [J]. Industrial & Labor Relations Review, 1991, 45 (1): 3 – 14.

[224] Carlsson, M., Eriksson, S., and N. Gottfries. Testing Theories of Job Creation: Does Supply Create Its Own Demand? [R]. IZA Discussion Paper, 2006.

[225] Ceglowski, J. S. Golub. Just How Low Are China's Labor Cost? [J]. The World Economy, 2007, 30 (4): 597 – 617.

[226] Cheng, S. Managerial Entrencment and Loss – shielding in Executive Compensation [R]. Working Paper, University of Michigan, 2005.

[227] Christofides, Luise – Andrew Oswald. Real Wage Determination and Rent Sharing in Collective Bargaining Agreements [J]. Quarterly Journal of Economics, 1992, 107 (3): 985 – 1002.

[228] Coase, R. H. The Nature of the Firm [J]. Economic, 1937, 6 (4): 386 – 405.

[229] Cohen, W. M., and D. A. Levinthal. Absorptive Capacity: A New Perspective on Learning and Innovation [J]. Administrative Science Quarterly, 1990, 35 (1): 128-152.

[230] Core, J. E., Guay, Wayne R., S. Thomas and, Randall. Is CEO Compensation Inefficient Pay Without Performance [J]. Michigan Law Review, 2005, 103 (6): 1142-1185.

[231] Core, J. R., Holthausen, D. Larker. Corporate Governance, Chief Executive Compensation and Firm Perfomance [J]. Journal of Financial Economics, 1999, 51 (3): 371-406.

[232] Cronqvist, H., Heyman, F., Nilsson, Svaleryd, H., and J. Vlachos. Do Entrenched Managers Pay Their Workers More? [J]. Journal of Finance, 2009, 64 (1): 309-339.

[233] David, P. A. Technical Choice Innovation and Economic Growth: Essays on American and British Experience in the Nineteenth Century [M]. Cambridge: Cambridge University Press, 1975.

[234] Davis, S., and J. Haltiwanger. Gross Job Creation, Gross Job Destruction and Employment Reallocation [J]. The Quarterly Journal of Economics, 1992, 107 (3): 819-863.

[235] Diamond Peter. Wage Determination and Efficiency in Research Equilibrium [J]. Review of Economic Studies, 1982, 49 (2): 217-227.

[236] Dong, X., and P. Bowles. Segmentation and Discrimination in China's Emerging Industrial Labor Market [J]. China Economic Review, 2002, 13 (2): 170-196.

[237] Edward F. Denison. The Source of Economic Growth in the United States and Alternatives Before Us [M]. New York: Committee for Economic Deve-

lopment, 1962.

[238] Elsby, M. W. L. , and M. D. Shapiro. Stepping off the Wage Escalator: The Effects of Wage Growth on Equilibrium Employment [R] . NBER Working Paper, 1999, No. 15117.

[239] Fama, E. , and M. Jensen. Separation Ownership and Control [J] . Journal of Law and Economics, 1983, 26 (2): 301 -325.

[240] Faria J. R. Supervision and Effort in an Intertemporal Efficiency Wage Model: The Role of the Solow Condition [J] . Economics Letters, 2000, 67 (1): 93 -98.

[241] Farrell, D. , A. Grant. China's Looming Talent Shortage [J] . Mckinsey Quarterly, 2005 (4): 70 -79.

[242] Fee, C. D. , and C. E. Hadlock. Raids, Rewards, and Reputations in the Market for Managerial Talent [J] . The Review of Financial Studies, 2003, 16 (4): 1315 -1357.

[243] Feenstra, R. , and G. Hanson. The Impact of Outsourcing and High - techno Capital on Wage [J] . Quarter Journal Economics, 1999, 114 (3): 907 - 940.

[244] Feenstta, R. C. , and G. H. Hanson Globalization, Outsourcing, and Wage Inequality [J] . National Bureau of Economic Research, 1996, 86 (2): 240 -245.

[245] Fernie S. , D. Metcalf. It's Not What You Pay It and That's What Gets Results: Jockey's Pay and Performance [J] . Labour, 1999, 13 (2): 385 -411.

[246] Fernie S. , D. Metcalf. Participation, Contingent Pay, Representation and Workplace Performance: Evidence from Great Britain [J] . British Journal of Industrial Relations, 1995, 33 (3): 1007 -1080.

[247] Firth, M. , Fung, P. M. Y. , and O. M. Rui. How Ownership and Corporate Governance Influence Chief Executive Pay in China's Listed Firms [J] . Journal of Business Research, 2007, 60 (7): 776 –785.

[248] Foley, D. K. , and T. R. Michl. Growth and Distribution [M] . Cambridge: Harvard University Press, 1999.

[249] Friedrich List. The National System of Political Economy [M] . Berlin: German Press, 1841.

[250] Funk, P. Induced Innovation Revisited [J] . Economica, 2002, 69 (273): 155 –171.

[251] Gary S. Becker. Human Capital: A Theoretical and Empirical Analysis with Special Reference to Education [M] . Chicago: The University of Chicago Press, 1964.

[252] Geishecker, I. , and Görg. Winners and Losers: A Micro – Level Analysis of International Outsourcing and Wages [J] . Canadian Journal of Economics, 2008, 41 (1): 243 –270.

[253] Goldberg, P. , and D. Trefler. Protection, Trade and Wages: Evidence from U. S. Manufacturing [J] . Industrial and Labor Relations Review, 1994, 47 (4): 574 –593.

[254] Goldberg, P. , and N. Pavcnik. Trade, Wages and the Political Economy of Trade Protection: Evidence from the Colombian Trade Reforms [J] . Journal of International Economics, 2005, 66 (1): 75 –105.

[255] Hann, R. N. , Li, C. , and M. Ogneva. Another Look at the Macroeconomic Information Content of Aggregate Earnings: Evidence from the Labor Market [R] . SSRN, 2017.

[256] Hansen, and Bruce. Inference When a Nuisance Parameter is Not Iden-

tified under the Null Hypothesis [J]. Econometrica, 1996, 64 (2): 413-430.

[257] Hartmut Egger, and Peter Egger. How International Outsourcing Drives up Eastern European Wages [J]. Weltwirtschaftliches Archiv, 2002, 138 (1): 83-96.

[258] Hicks J. The Theory of Wages [M]. New York: Springer, 1963.

[259] Hildreth Andrew, Andrew Oswald. Rent-Sharing and Wages: Evidence from Company and Establishment Panels [J]. Journal of Labor Economics, 1997, 15 (2): 318-337.

[260] Holzer H. J. Wage, Employer Costs, and Employee Performance in the Firm [J]. Industrial and Labor Relations Review, 1990 (43): 147-164.

[261] Huang, I. C., Huang J. Y., J. F. Uen. The Relationships Between Human Resource Systems and Organizational Performance in High-tech Companies in Taiwan [J]. Sun Yat-sen Management Review, 1998 (2): 643-656.

[262] Irving Fisher. The Nature of Capital and Income [D]. New Haaven: Yale University, 1906.

[263] Isgut A. What's Different about Exporters? Evidence from Colombian Manufacturing [J]. Journal of Development Studies, 2001, 37 (5): 57-82.

[264] Jacob Mincer. Investment in Human Capital and Personal Income Distribution [J]. Journal of Political Economy, 1958, 66 (4): 281-302.

[265] Jan König, E. Koskela. Does International Outsourcing Really Lower Workers' Income [J]. Journal of Labor Research, 2011, 32 (1): 21-38.

[266] Jellal, M., and J. R. Faria. A Theory of Efficiency Wage Growth [R]. Political Economy Working Paper, 2001.

[267] Jellal, M., and Y. Zenou. Efficiency Wages and the Quality of Job Matching [J]. Journal of Economic Behavior & Organization, 1999, 39 (1): 201-

217.

[268] Jennifer Hunt. Post – Unification Wage Growth in East Germany [J]. The Review of Economics and Statistics, 2001, 83 (1): 190 – 195.

[269] Jensen, M., and W. Meckling. Theory of the Firm: Managerial Behavior, Agency Costs and Ownership Structure [J]. Journal of Financial Economics, 1976 (4): 305 – 360.

[270] John R. Hicks. A Contribution to the Theory of the Trade Cycle [M]. Oxford: Oxford University Press, 1950.

[271] Kahneman, D., and A. Tversky. Prospect Theory: An Analysis of Decision under Risk [J]. Econometrica, 1979, 47 (2): 263 – 292.

[272] Keynes, J. M.. The General Theory of Employment, Interest, and Money [M]. New York: Harcourt Brace and Company, 1936.

[273] Kongings, J., and P. P. Walsh. Evidence of Efficiency Wage Payments in UK Firm Level Panel Data [J]. Economic Journal, 1993, 104 (424): 542 – 555.

[274] Konings J., P. P. Walsh. Evidence of Efficiency Wage Payments in UK Firm Level Panel Data [J]. The Economic Journal, 1994, 424 (104): 542 – 555.

[275] Koontz, H., H. Weihrich. Management [M]. New York: McGraw – Hill, 1998.

[276] Krueger, A., and L. Summers. Efficiency Wages and the Inter – industry Wage Structure [J]. Econometrica, 1988, 56 (2): 259 – 293.

[277] Krueger, A. B., and J. S. Pischke. Observations and Conjectures on the U. S. Employment Miracle [R]. NBER Working Papers, 1997.

[278] Kumbhakar, S. C., C. A. K. Lovell. Stochastic Frontier Analysis

[M] . UK: Cambridge University Press, 2000.

[279] Lawrence, C. , and R. Z. Lawrence. Manufacture Wage Dispersion: An End Game on Economic Interpretation [J] . Brokkings Paper Activity, 1985, 46 (1): 47 -106.

[280] Lazear, E. P. Salaries and Piece Rates [J] . Journal of Business, 1986, 59 (3): 405 -431.

[281] Lazear, E. P. Performance Pay and Productivity [J] . American Economic Review, 2000, 90 (5): 1346 -1361.

[282] Lenoard J. S. Corrots and Sticks: Pay, Supervision, and Turnover [J]. Journal of Lahor Economics, 1987, 5 (4): 2 -3.

[283] Li H. Economic Transition and Returns to Education in China [J] . Economics of Education Review, 2003, 22 (3): 317 -328.

[284] Li, H. , Li L. , and B. Wu. The End of Cheap Chinese Labor [J] . Journal of Economic Perspectives, 2012 (4): 57 -74.

[285] Liu J. T. , Tsou, M. W. , and J. K. Hammitt. Export Activity and Productivity: Evidence from the Taiwan Electronics Industry [J] . Review of World Economics, 2001, 37 (5): 57 -82.

[286] Lommerud, K. E. , Meland, F. , and O. R. Straume. Can Deunionization Lead to International Outsourcing [J] . Journal of International Economics, 2009, 77 (1): 109 -119.

[287] Lucas, R. E. On the Mechanics of Economic Development [J] . Journal of Monetary Economics, 1988, 29 (1): 61 -70.

[288] Malcolmson J. M. Unemployment and the Efficiency Wage Hypothesis [J] . Economic Journal, 1981, 91 (364): 848 -866.

[289] Malcomson James. Unemployment and the Efficiency Wage Hypothesis

[J] . The Economic Journal, 1981, 91 (364): 848 – 866.

[290] Margaret, and Maurer – Fazio. Earnings and Education in China's Transition to a Market Economy: Survey Evidence from 1989 to 1992 [J] . China Economic Review, 1999, 10 (1): 7 – 40.

[291] Meiyan W. The Rise of Labor Cost and the Fall of Labor Input: Has China Reached Lewis Turning Point? [J] . China Economic Journal, 2010, 3 (2): 137 – 153.

[292] Meng X. Labor Market Reform in China [M] . Cambridge: Cambridge University Press, 2000.

[293] Mill John. Principles of Political Economy [M] . New York: New York Press, 1969.

[294] Miller N. , Peng L. , and M. Sklarz. House Prices and Economic Growth [J] . Journal of Real Estate Finance & Economics, 2011, 42 (4): 522 – 541.

[295] Mincer J. Schooling, Experience, and Earning [M] . New York: Columbia University Press, 1974.

[296] Mohamed J. , and Y. Zenou. Efficiency Wages and the Quality of Job Matching [J]. Journal of Economic Behavior & Organization, 1999, 39 (2): 201 – 217.

[297] Munch J. R. , and J. R. Skaksen. Specialization, Outsourcing and Wages [J] . Review World Economics, 2009, 145 (1): 57 – 73.

[298] Musgrave, Richard A. The Theory of Public Finance [M] . New York: McGraw – Hill, 1959.

[299] Naastepad, C. W. M. , A. Kleinknecht. The Dutch Productivity Slowdown: The Culprit at Last? [J] . Structural Change & Economic Dynamics, 2004

(2): 137 -163.

[300] Nelson, R., and E. S. Phleps. Investmentin Humans, Technological Diffusion, and Economic Growth [J]. American Economic Review Proceedings, 1966, 56 (1): 69 -75.

[301] Nickell, S., and M. Andrews. Unions, Real Wages and Employment in Britain 1951 -1979 [J]. Oxford Economic Papers, 1983, 35 (1): 183 -206.

[302] Nickell, Stephen, Sushil Wadhwani. Insider Forces and Wage Determination [J]. The Economic Journal, 1990, 100 (401): 496 -509.

[303] Orlik, T., and B. Davis. 中国经济减速，工资水平不降反升 [N]. 华尔街日报（中文版），2012 -07 -16.

[304] Pagano, M., and P. Volpin. Managers Workers and Corporate Control [J]. Journal of Finance, 2005, 60 (2): 843 -870.

[305] Pagano, P., and M. F. Volpin. Managers, Workers and Corporate Control [J]. Journal of Finance, 2005, 60 (2): 841 -868.

[306] Peng, X. China's Demographic History and Future Challenges [J]. Science, 2011, 333 (6042): 581 -587.

[307] Pindyck, R. S., D. L. Rubinfeld. Econometric Models & Economic Forecasts [M]. New York: The McGraw - Hill Companies, 1998.

[308] Raymond Robertson. Exchange Rates and Relative Wages: Evidence from Mexico [J]. North American Journal of Economics and Finance, 2003, 14 (1): 35 -48.

[309] Rebitzer, J., and L. Taylor. Efficiency Wages and Employment Rents: the Employer - Size Wage Effect in the Job Market for Lawyers [J]. Journal of Labor Economics, 1995, 13 (4): 678 -708.

[310] Romer, P. Endogenous Technological Change [J]. Journal of Politi-

cal Economy, 1990, 98 (5): 71 - 102.

[311] Romer, P. Increasing Returns and Long - Run Growth [J]. The Journal of Political Economy, 1986, 94 (5): 1002 - 1037.

[312] Roodman, D. How to Do Xtabond 2: An Introduction to "Difference" and "System" GMM in Stata [R]. CGD Working Paper, No. 103, Center for Global Development (CGD), Washington D. C. 2006.

[313] Salop S. A Model of the Natural Rate of Unemployment [J]. The American Economic Review, 1979, 69 (1): 117 - 125.

[314] Schultz, T. W.. Investment in Human Capital [J]. American Economic Review, 1961, 51 (1): 1 - 17.

[315] Schultz, T. W. The Value of the Ability to Deal with Disequilibrium [J]. Journal of Economic Literature, 1975, 13 (3): 827 - 846.

[316] Senses M. Z. The Effects of Offshoring on the Elasticity of Labor Demand [J]. Journal of International Economics, 2010, 81 (1): 89 - 98.

[317] Shapio C., Stiglitz J. Equilibrium Umemployment as a Worker Discipline Device [J]. American Economic Review, 1984, 74 (2): 433 - 444.

[318] Shapiro Carl, and Joseph Stiglitz. Equilibrium Unemployment as Worker Discipline Device [J]. American Economic Review, 1984, 74 (3): 433 - 444.

[319] Shleifer, A., and R. Vishny. Politicians and Firms [J]. Quarterly Journal of Economics, 1994, 109 (3): 995 - 1025.

[320] Shi, S.. Product Market and the Size - wage Differential [J]. International Economic Review, 2002a, 43 (1): 21 - 54.

[321] Slichter, M. Sumner. Notes on the Structure of Wages [J]. Review of Economics and Statistics, 1950, 32 (2): 80 - 91.

[322] Staiger, D., Stock J. H., and M. W. Watson. Prices, Wages, and

the U. S. NAI RU in the 1990s [R]. NBER Working Paper, 2001.

[323] Stiglitz Joseph. The Efficiency Wage Hypothesis, Surplus Labor, and the Distribution of Income in L. D. C. s [J]. Oxford Economic Papers, 1976, 28 (2): 185 -207.

[324] Stiglitz, J. E. Some Lessons from the East Asian Miracle [J]. The World Bank Research Observer, 1996, 11 (2): 151 -177.

[325] Thomas Lemieux. The Changing Nature of Wage Inequality [R]. Working Paper 13523, NBER Working Paper Series, 2007.

[326] Tzu - Ling H., Hallam, A. O., and P. Eizabeth. Empirical Tests of Efficiency Wage Models [J]. Staff General Research Paper, 1998, 65 (1): 125 - 143.

[327] Van Reenen, J. The Creation and Capture of Rents: Wages and Innovation in a Panel of UK Companies [J]. The Quarterly Journal of Economics, 1996, 111 (1): 1952.

[328] Wadhwani Sushil, and Martin Wall. A Direct Test of the Efficiency Wage Model Using UK Micro - Data [J]. Oxford Economic Papers, 1991, 43 (4): 529 -548.

[329] Walsh Frank. A Multisector Model of Efficiency Wages [J]. Journal of Labor Economics, 1999, 17 (2): 351 -376.

[330] Weitzman, Martin. The Share Economy: Conquering Stagflation [M]. Cambridge, Massachusetts: Harvard University Press, 1984.

[331] Williamson, J., and G. Growth. Distribution, and Demography: Some Lessons from History [J]. Explorations in Economic History, 1998, 35 (3): 241 - 271.

[332] World Bank. The Growth Report: Strategies for Sustained Growth and

Inclusive Development [M]. Washington, D. C.: The World Bank, 2008.

[333] Wu J., Gvourko J., Y. Deng. Evaluating the Risk of Chinese Housing Markets: What We Know and What We Need to Know [J]. China Economic Review, 2016, 39 (3): 91-114.

[334] Yang, D. T., Chen, V. W., and R. Monarch. Rising Wages: Has China Lost Its Global Labor Advantage? [J]. Pacific Economic Review, 2010, 15 (4): 482-504.

[335] Yueh L. Y. Wage Reforms in China during the 1990s [J]. Asian Economic Journal, 2004, 18 (2): 149-164.

[336] Zhang, X., Yang, J., and S. Wang. China Has Reached the Lewis Turning Point [J]. China Economic Review, 2011, 22 (4): 542-554.

后　记

本书的写作过程是我这两年博士后学习、工作和生活的一个浓缩，这其中蕴含了我从会计学到劳动经济学、从求学到求职、从为人女到为人母的转变，是最为喜悦的过程，是我学术生涯中又一个快速成长的过程，是我工作生活中另一个崭新的起点。在这期间，我得到了太多人的指导和帮助，点点滴滴都在心头。

首先，我要感谢我的导师张车伟研究员，他教会我的不只是经济学的知识，更重要的是研究问题的态度、方法和工具。从他身上我学到的是严谨、刻苦的治学精神，不浮躁、踏实的工作作风以及从容、乐观、豁达的做人风格。张老师对我的关心、帮助和教诲，让我万分感激。可以说，他不只是我知识上的恩师，更是我人生道路上的向导。

其次，感谢高文书研究员在出站报告写作过程中给予的建议和指导，以及在生活上给予的帮助和支持。他前沿而精髓的学术造诣、严谨勤奋的治学风格、以身立行的做人风格不仅使我明白了如何看待事物，如何规划自己的人生，而且还明白了许多为人处世的道理，深刻影响着我今后的工作和生活。

再次，感谢钱伟书记、汪正鸣副所长、徐进老师、张彦海老师、连鹏灵老师、于丽萍老师在两年的博士后生涯中给予我的关心和帮助。感谢王美艳研究员、张展新研究员、都阳研究员，他们的正直与耐心教导使我受益匪浅。感谢与我一路走来的同事——程杰博士、蔡翼飞博士、向晶博士、王智勇博士、曲悦博士、赵文博士、屈小博博士、陆旸博士、贾朋博士、王磊博士、杨舸博士、周晓光博士等，恕不一一列举，正是与他们的交流使我不断获得启发，他们的支持和陪伴令我度过了两年愉快的时光。

最后，我还要感谢我的先生，他为了我的求学一直在无怨无悔地付出着，感谢他对我的理解、支持和耐心；感谢双方父母对我的支持和默默付出，他们永远是我坚强的后盾。尤其要感谢我的大女儿刘若晴，她是我博士后期间收到的最好礼物，在本稿完善之际，二女儿刘若依的到来让我的生活更加充实，对生活更加热爱，更加懂得了珍惜和感恩。也是她们让我更加渴望知识、渴望进步，她们是我不断进取、超越自我的力量源泉。

本书得到北方工业大学优势学科项目（18XN047）的资助，在此向北方工业大学表示感谢！感谢北方工业大学的赵贺春教授在书稿出版方面给予的指导和帮助！